J. C. RYLE

JUNG UND WEISE

Andachten für junge Leute

SOLA GRATIA
Medien

1. Auflage 2022

Sola Gratia Medien®
Reformations-Gesellschaft-Heidelberg e.V.
Postfach 100141
57001 Siegen - Deutschland
www.solagratia.de

Übersetzung: Johannes Haug
Umschlaggestaltung: Nathanael Armisen
Portrait: shutterstock | Fabio Principe
shutterstock | Jacob Lund
Satz: Uhl + Massopust, Aalen
Druck: MCP
ISBN: 978-3-948475-48-2

Die Bibelstellen sind in der Regel der Lutherbibel 1912 entnommen. Vereinzelt wurden andere Bibelübersetzungen verwendet und im Text gekennzeichnet. Alle Bibelzitate wurden den Regeln der geltenden Rechtschreibung angepasst. Hervorhebungen einzelner Wörter oder Passagen innerhalb von Bibelstellen sind hinzugefügt.

Die englische Originalausgabe erschien 1869 unter dem Titel:
The Two Bears and other Sermons for Children.

Wir bedanken uns bei der Stiftung *De Lichtkring*
für die freundliche Förderung.

Im Gedenken an unsere treue Glaubensschwester und
Freundin *Meyno Alida Mijnders-van Woerden*
(1921–2020).
Möge unser gnadenreicher Herr ihr stetiges Gebet
für eine Erweckung
in Deutschland – insbesondere unter den Kindern – erhören.

Stichting de Lichtkring
https://www.stichtingdelichtkring.nl
administratie@stichtingdelichtkring.nl
++31-6-33563308 (Niederlande)

Inhalt

Vorwort

Der große Reformator Martin Luther hat einmal gesagt: „Wenn du ein Kind siehst, hast du Gott auf frischer Tat ertappt!“

Was meinte Luther damit?

Wahrscheinlich wollte er damit einerseits ausdrücken, dass Kinder *„eine Gabe des Herrn“* (Psalm 127,3) sind. Es steht nicht im Vermögen des Menschen, ein Kind zu erschaffen, nein, es ist Gott, der jeden Einzelnen von uns – als Kind – in diese Welt bringt. Zum anderen machte Luther damit aber auch die besonders enge Beziehung Gottes zu den Kindern deutlich, denn unser Herr Jesus hat gesagt *„Lasset die Kindlein zu mir kommen und wehret ihnen nicht, denn solcher ist das Reich Gottes.“* (Matthäus 19,14).

Deshalb verwundert es auch nicht, dass der im englischen Volk seinerzeit so beliebte Bischof Ryle schon zu seinen Lebzeiten einige Predigten herausgebracht hat, die er vor jungen Menschen seiner Gemeinde gehalten hat. Diese waren ihm besonders wichtig und er wusste, dass die Zukunft der Kirche bzw. Gemeinde immer auch mit darin liegt, ob die Kinder der christlichen Eltern in die Gnade des Glaubens mit hineintreten.

Die Andachten Ryles eignen sich auch heute hervorragend dazu, Kindern die gute Botschaft des Evangeliums nahe zu bringen. Denn Kinder lieben Bücher und Geschichten jeder Art! Eltern schaffen durch gemeinsame Vorlesezeiten eine gemütliche und wertvolle Zeit des Zusammenseins mit ihren Kindern. Jeder weiß, dass Vorlesen schon im frühen Alter von Kindern elementar wichtig ist für die unbewusste Ausbildung der kindlichen Konzentrationsfähigkeit, Merkfähigkeit und Sprachkompetenz. Ebenso bedeutsam ist es aber auch, den Kindern möglichst früh die guten Gedanken der Heiligen Schrift in ihr Herz zu legen. Denn schon das Predigerbuch rät: *„Gedenke an deinen Schöpfer in deiner Jugend“* (Prediger 12,1). Somit sollten jeder Vater und jede Mutter, die sich um das Wohlergehen ihrer Kinder sorgen, sich nicht nur um das irdische Wohl ihres Nachwuchses kümmern, sondern auch die geistige Speise und Nahrung aus der Bibel nicht vernachlässigen. Hierzu ist das Buch von Ryle eine gute Hilfe!

Die Andachten sind geeignet für Kinder von sechs bis zwölf Jahren und können im Rahmen einer gemeinsamen Lesezeit oder Familienandacht vorgelesen werden. Diesem Band liegt die leicht gekürzte englische Originalausgabe von 1869 unter dem Titel *The Two Bears and other Sermons for Children* zu Grunde.

1

Kinder, die in der Wahrheit wandeln

„Ich bin erfreut, dass ich gefunden habe
unter deinen Kindern, die in der Wahrheit wandeln,
wie denn wir ein Gebot vom Vater empfangen haben.“
(2.Johannes 4)

Liebe Kinder, das Buch, in dem dieser Vers steht, ist das kürzeste Buch der Bibel. Ihr könnt es zu Hause gern einmal selbst nachprüfen. Es hat nur dreizehn Verse. Aber obwohl es so kurz ist, enthält es doch viele wichtige Punkte – und ich denke, der Vers, den ich gerade eben vorgelesen habe, gehört dazu.

Bei diesem Buch handelt es sich um ein Schreiben oder um einen Brief, den der Apostel Johannes verfasst hat. Adressiert war er an eine fromme Christin, die er kannte. Diese Frau war Mutter und um einige ihrer Kinder geht es in diesem Vers.

Anscheinend hat Johannes diese Kinder zufällig angetroffen und ihr werdet noch sehen, wie anständig sie sich benommen haben. Er konnte ihrer Mutter Gutes über sie berichten und davon handelt der Vers: *„Ich bin erfreut, dass ich gefunden habe unter deinen Kindern, die in der Wahrheit wandeln.“*

Nun, liebe Kinder, möchte ich mit euch über zwei Punkte aus diesem Vers sprechen. Manche von euch denken jetzt sicherlich: „In der Wahrheit wandeln – was soll das denn bedeuten?" Andere fragen sich vielleicht: „Warum hat sich Johannes so sehr gefreut?" Ich werde versuchen, diese beiden Fragen zu beantworten.

I. Zuerst will ich euch zeigen, wann man davon sprechen kann, dass Kinder in der Wahrheit wandeln.
II. Dann möchte ich erklären, aus welchen Gründen sich der Apostel Johannes so sehr gefreut hat.

Liebe Kinder, ich bitte euch um einen Gefallen: Passt jetzt gut auf! Es dauert auch nicht lange. Also kommt und hört, was ich euch zu sagen habe. Möge der Heilige Geist all eure Herzen öffnen und das segnen, was ich sage.

Kinder, die in der Wahrheit wandeln

Zunächst also will ich euch zeigen, wann man sagen kann, dass Kinder in der Wahrheit wandeln. Lasst mich gleich davon anfangen.

Was bedeutet „wandeln"? Ihr dürft nicht denken, dass es bedeutet, auf unseren Füßen zu wandeln [zu gehen], so wie ihr heute Abend hierher gegangen seid. Es beschreibt vielmehr die Art und Weise, wie wir uns verhalten – die Art und Weise, wie wir unseren Lebenswandel führen. Und soll ich euch sagen, warum die Bibel dies „wandeln" nennt? Weil das Leben eines

Menschen wie eine Reise ist. Vom Zeitpunkt unserer Geburt bis zum Zeitpunkt unseres Todes sind wir ständig auf Reisen und bewegen uns unablässig fort. Das Leben ist eine Reise von der Wiege bis ins Grab und die Lebensweise eines Menschen wird deswegen oft als „Wandel“ bezeichnet.

Aber was bedeutet es, „in der Wahrheit zu wandeln“? Dies bedeutet, auf den wahrhaftigen, biblischen Wegen unterwegs zu sein und nicht auf den verdorbenen Wegen dieser bösen Welt. Die Welt – so leid es mir tut, euch das zu sagen – ist voll von falschen Vorstellungen und Unwahrheiten, ganz besonders voller Unwahrheiten über den Glauben. Sie alle stammen von unserem größten Feind ab, dem Teufel. Er war es, der Adam und Eva im Garten Eden getäuscht und sie zur Sünde veranlasst hat, indem er ihnen eine Unwahrheit sagte. Er erzählte ihnen, dass sie nicht sterben würden, sollten sie von der verbotenen Frucht essen – eine glatte Lüge! Auch heute noch verfährt der Teufel auf die gleiche Weise: Er versucht stets, bei Männern, Frauen und Kindern falsche Vorstellungen über Gott und über den Glauben hervorzurufen. Er redet ihnen ein, dass das, was in Wirklichkeit böse ist, gut sei, und dass das, was in Wirklichkeit gut ist, böse sei, dass der Gottesdienst etwas Unerfreuliches sei und dass die Sünde bei ihnen keinen großen Schaden anrichten werde. Und traurigerweise muss ich sagen, dass enorm viele Leute von ihm getäuscht werden und diese Unwahrheiten glauben.

Ganz anders sind jedoch die Menschen, die in der Wahrheit wandeln. Sie schenken den falschen Vorstellungen über den Glauben, die in der Welt existieren, keine Aufmerksamkeit. Sie folgen dem Weg der Wahrheit, welchen Gott uns in der Bibel offenbart. Was auch immer die anderen tun mögen, ihr höchstes Verlangen ist es, Gott zu gefallen und seine treuen Diener zu sein. Dies war auch der Wesenszug jener Kinder, von denen in unserem Vers die Rede ist. Johannes schreibt an ihre Mutter zu Hause und sagt: „Ich habe sie gefunden, wie sie in der Wahrheit wandeln."

Liebe Kinder, würdet ihr nicht gerne wissen, ob auch ihr in der Wahrheit wandelt? Würdet ihr gerne wissen, woran ihr das erkennen könnt? Jeder Einzelne von euch, jeder Junge und jedes Mädchen, soll nun gut zuhören! Ich will versuchen, euch diese Anzeichen aufzuzählen.

1. Zunächst kann ich euch sagen, dass Kinder, die in der Wahrheit wandeln, die Wahrheit über die Sünde kennen.

Was ist Sünde? Sünde ist die Übertretung von Gottes Gebot. Wenn man etwas tut, von dem Gott sagt, dass man es nicht tun soll, dann ist das Sünde. Gott ist absolut heilig und völlig rein und jede Sünde missfällt ihm außerordentlich. Aber ungeachtet dessen reden die meisten Menschen auf der Welt, alte wie junge, die Sünde klein. Manche stellen es so dar, als seien sie keine großen Sünder und als würden sie Gottes Gebote nicht oft übertreten. Andere sagen, dass Sünde im Grunde genommen gar nicht so schlimm sei und Gott es damit nicht so genau nehme, wie die Geistlichen es behaupten. Dies sind zwei ganz große und gefährliche Irrtümer!

Kinder, die in der Wahrheit wandeln, denken ganz anders. Sie hegen keine solch stolzen und hochmütigen Empfindungen. Sie spüren, dass sie voller Sünde sind und dies betrübt und demütigt sie. Sie sind der Überzeugung, dass Sünde etwas Abscheuliches ist, das Gott hasst. Sie betrachten die Sünde als ihren größten Feind und als höchstes Übel, das sie mehr als alles andere auf der Welt verabscheuen. Sie wünschen sich nichts so sehr, als frei von Sünde zu sein.

Liebe Kinder, das ist das erste Merkmal für den Wandel in der Wahrheit. Betrachtet es und denkt darüber nach. *Hasst ihr die Sünde?*

2. Ich sage euch noch etwas: Kinder, die in der Wahrheit wandeln, lieben den wahren Retter der Sünder und folgen ihm.

Nur wenige Männer und Frauen haben nicht das Gefühl, dass sie auf eine gewisse Art und Weise Errettung nötig hätten. Die meisten spüren, dass auf den Tod ein schreckliches Gericht folgt, vor dem sie bewahrt bleiben wollen.

Aber leider erkennen nur wenige, was die Bibel sagt: Dass es nur einen Retter gibt, nämlich Jesus Christus. Nur wenige kommen zu Jesus Christus und bitten ihn um Errettung. Sie vertrauen lieber auf ihre Gebetsrituale, ihre eigene Reue, ihren Besuch des Gottesdienstes, ihre regelmäßige Teilnahme an den Sakramenten, ihre Tugend oder sonst etwas dieser Art. Aber diese Dinge, so nützlich sie in gewisser Weise auch sein mögen, können keine einzige Seele vor der Hölle bewahren. Dies sind falsche Rettungswege. Sie können die Sünde nicht wegtun. Sie sind nicht Christus.

Nichts und niemand kann uns erretten als nur Jesus Christus, der für die Sünder am Kreuz starb. Nur diejenigen, die ganz auf ihn vertrauen, erhalten Vergebung ihrer Sünden und kommen in den Himmel. Nur diesen Menschen steht am Tag des Gerichts ein allmächtiger Freund zur Seite. Dies ist der wahre Weg, um gerettet zu werden.

Kinder, die in der Wahrheit wandeln, haben all dies verstanden und wenn man sie fragt, worauf sie ihr Vertrauen setzen, antworten sie: „Auf Christus allein." Sie erinnern sich seiner gütigen Worte: *„Lasset die Kindlein zu mir kommen und wehret ihnen nicht"* (Matthäus 19,14). Sie bemühen sich, Jesus nachzufolgen, wie Schafe dem guten Hirten nachfolgen. Und sie lieben ihn, weil sie in der Bibel lesen, dass er sie geliebt und sich für sie hingegeben hat.

Liebe Kinder, das ist das zweite Merkmal des Wandelns in der Wahrheit. Betrachtet es und denkt darüber nach. *Liebt ihr Christus?*

3. Des Weiteren sage ich euch, dass Kinder, die in der Wahrheit wandeln, Gott mit aufrichtigem Herzen dienen. Wie ihr sicher wisst, ist es sehr wohl möglich, Gott nur äußerlich zu dienen. Viele tun das. Sie setzen eine feierliche Miene auf und geben vor, ernsthaft zu sein, obwohl dies nicht ihrem inneren Empfinden entspricht. Mit ihren Lippen sprechen sie zwar schöne Gebete, meinen aber gar nicht, was sie sagen. Jeden Sonntag sitzen sie in der Kirche auf ihrem Platz, sind mit ihren Gedanken jedoch die ganze Zeit bei anderen Dingen. Dies ist ein rein äußerlicher Dienst – und er ist ganz verkehrt.

Ich muss leider sagen, dass sich böse Kinder oft dieser Sünde schuldig machen. Regelmäßig sprechen sie ihre Gebete, wenn ihre Eltern sie dazu anhalten, sonst jedoch nicht. Sie tauchen ausschließlich dann in der Kirche auf, wenn ihr Lehrer ebenfalls anwesend ist und sie beobachtet. Mit ihrem Herzen hingegen sind sie ganz und gar nicht bei der Sache.

Nicht so die Kinder, die in der Wahrheit wandeln. Sie sind

von einem anderen Geist erfüllt. Ihr Wunsch ist es, in allen Angelegenheiten, die mit Gott zu tun haben, aufrichtig zu sein und ihn im Geist und in der Wahrheit anzubeten (Johannes 4,24). Wenn sie beten, bemühen sie sich, es aufrichtig zu tun und ihre Worte kommen von Herzen. Wenn sie in die Kirche gehen, bemühen sie sich, wirklich ernsthaft daran teilzunehmen und ihre Gedanken auf das zu richten, was sie hören. Ihr größter Kummer besteht darin, dass sie Gott nicht noch herzlicher dienen können, als sie es bereits tun.

Liebe Kinder, dies ist das dritte Anzeichen des Wandelns in der Wahrheit. Betrachtet es und denkt darüber nach. *Ist euer Herz unaufrichtig oder wahrhaftig?*

4. Abschließend sage ich euch, dass Kinder, die in der Wahrheit wandeln, wirklich versuchen, alles so zu tun, wie es in Gottes Augen recht ist.

Gott hat uns sehr deutlich gesagt, was er richtig findet. Keiner, der die Bibel aufrichtigen Herzens liest, kann das missverstehen. Es ist jedoch traurig zu sehen, wie wenigen Männern und Frauen es ein Anliegen ist, Gott zu gefallen. Viele übertreten seine Gebote fortwährend und scheinen sich nichts dabei zu denken. Manche lügen, schwören, streiten, betrügen und stehlen. Andere hingegen gebrauchen böse Worte, heiligen den Sonntag nicht, beten überhaupt nicht zu Gott oder lesen nie in der Bibel. Wieder andere sind unfreundlich ihren Verwandten gegenüber, faul, gefräßig, übellaunig oder selbstsüchtig. Unabhängig davon, was die Leute darüber denken, sind dies alles durch und durch sündhafte Dinge, die dem heiligen Gott missfallen.

Kinder, die in der Wahrheit wandeln, versuchen unablässig

sich von bösen Wegen fernzuhalten. Sie haben keinen Gefallen an sündhaften Dingen irgendeiner Art, und die Gesellschaft derer, die so handeln, ist ihnen zuwider. Ihr größter Wunsch ist es, wie Jesus zu sein – heilig, unschuldig und abgesondert von den Sündern (Hebräer 7,26). Sie streben danach, freundlich, sanft, zuvorkommend, gehorsam, ehrlich, wahrhaftig und in jeder Hinsicht gut zu sein. Es betrübt sie, nicht heiliger zu sein, als sie es schon sind.

Liebe Kinder, das ist das letzte Merkmal des Wandelns in der Wahrheit, das ich euch gebe. Betrachtet es und denkt darüber nach. *Sind eure Taten gut oder böse?*

Kinder, ihr habt nun einige der Anzeichen des Wandelns in der Wahrheit kennengelernt. Ich habe versucht, sie euch deutlich aufzuzeigen und hoffe, dass ihr sie verstanden habt. Die Wahrheit über die Sünde kennen; den wahren Retter, Jesus Christus, lieben; Gott aufrichtigen Herzens dienen und alles so tun, wie es in Gottes Augen gut und recht ist – diese vier sind es. Ich bitte euch eindringlich: Denkt darüber nach und stellt euch selbst die Frage: „Wie verhalte ich mich gerade jetzt? Wandle ich in der Wahrheit?“

Ich bin mir sicher, dass viele von euch Jungen und Mädchen genau wissen, wie ihre Antwort lauten würde. Und Gott weiß es auch, da er so deutlich in eure Herzen blickt, wie ich gerade in eure Gesichter blicke. Kinder, der allwissende Gott fragt euch heute Abend durch mich: Wandelt ihr in der Wahrheit?

Warum solltet ihr das nicht tun? Tausende liebe Kinder sind bereits in der Wahrheit gewandelt und es hat ihnen gefallen. Viele kleine Füße haben den Weg bereits vor euch beschritten. Tausende Jungen und Mädchen wandeln gerade in diesem

Moment in der Wahrheit und trotzdem gibt es noch Platz. Liebe Kinder, denkt heute Abend: „Warum sollte ich es nicht auch tun?"

Warum sich der Apostel Johannes so gefreut hat

Und nun werde ich mit der zweiten Sache fortfahren, über die zu reden ich euch versprochen habe.

Ich möchte versuchen, euch einige der Gründe aufzuzeigen, warum Johannes erfreut war, dass die Kinder jener Frau in der Wahrheit wandelten. Lasst mich mal sehen. Der Text sagt: *„Ich bin erfreut."* Warum diese Freude? Es musste gute Gründe dafür geben. Johannes war niemand, der sich ohne Anlass freute. Hört gut zu, liebe Kinder und ihr werdet erfahren, welche Gründe das waren.

1. Einerseits freute sich Johannes, weil er selbst ein frommer Mann war.

Alle frommen Menschen sehen es mit Freuden, wenn andere ebenso wie sie in der Wahrheit wandeln. Ihr habt wahrscheinlich davon gehört, dass die Engel im Himmel sich freuen, wenn sie sehen, dass ein Sünder Buße tut (Lukas 15,7). Manche von euch haben das zweifellos in Kapitel 15 des Lukasevangeliums gelesen. Mit frommen Menschen verhält es sich wie mit diesen Engeln – sie sind voller Liebe und Mitgefühl und wenn sie sehen, dass sich jemand von der Sünde abwendet und das Richtige tut, freuen sie sich mit überschwänglicher Freude.

Fromme Menschen empfinden das Wandeln in der Wahrheit als so erfreulich, dass sie möchten, dass alle anderen ebenfalls in der Wahrheit wandeln. Sie wollen diese Annehmlichkeit nicht für sich behalten und die Einzigen sein, die in den Himmel kommen. Ihre Liebe und Hingabe für Jesus Christus soll für alle sichtbar werden – für ihre Verwandten, ihre Nachbarn, ihre alten und jungen Freunde, ja, für die ganze Welt. Je mehr Menschen sie in der Wahrheit wandeln sehen, desto mehr freuen sie sich.

Kinder, Johannes war ein frommer Mann, voller Liebe für die Seelen anderer und dies war erste Grund, warum er sich freute.

2. Zum anderen freute sich Johannes, weil es sehr ungewöhnlich ist, dass Kinder in der Wahrheit wandeln.

Liebe Kinder, ich muss euch leider sagen, dass es viele böse Jungen und Mädchen auf dieser Welt gibt. Zu viele sind leichtsinnig, rücksichtslos, eigensinnig und ungehorsam. Über sie kann sich niemand freuen. Viele Eltern beschweren sich darüber und viele Lehrer sprechen davon. Ich fürchte, völlig zurecht.

Es gibt viele Kinder, die nicht auf das Gute bedacht sind. Sie tun nicht das, worum sie gebeten werden. Sie haben Gefallen daran, faul zu sein und ihren eigenen Weg zu gehen. Viel lieber spielen sie, anstatt etwas zu lernen. Schamlos tun sie Dinge, die Gott böse und falsch nennt. Es ist sehr traurig, das zu sehen.

Johannes hatte das erkannt, dessen könnt ihr gewiss sein, da er ein betagter Mann und ein Apostel war, der viele Dinge gesehen hatte. Er wusste, dass sich selbst die Kinder anständiger Leute bisweilen als sehr schlecht erweisen konnten. Wahrscheinlich erinnerte er sich an Jakob und David sowie an all das Leid, das ihnen durch ihre Familie widerfuhr. Ohne Zweifel wusste er auch, was Salomo im Buch der Sprüche sagt: *„Torheit steckt dem Knaben im Herzen“* (Sprüche 22,15).

Wenn Johannes also sah, dass sich die Kinder dieser Frau im Gegensatz zu anderen nicht als übel erwiesen, sondern so wandelten, wie sie sollten, dürfte er ziemlich sicher gemerkt haben, dass es sich um eine besondere Gnade handelte. Ich bin ganz und gar nicht verwundert darüber, dass er sehr erfreut war.

3. Johannes freute sich noch aus einem weiteren Grund: Er wusste, dass das Wandeln in der Wahrheit diese Kinder bereits in diesem Leben glücklich machen würde.

Johannes gehörte nicht zu jenen törichten Personen, die für den Glauben nicht viel übrighaben und meinen, er mache die Leute unglücklich. Johannes wusste: Je mehr wahren Glauben die Menschen haben, desto glücklicher sind sie.

Johannes wusste auch, dass das Leben immer voller Sorgen und Schwierigkeiten ist und der einzige Weg zur Bewältigung dieser Herausforderungen darin besteht, ein echter Nachfolger und Diener Jesu Christi zu sein.

Liebe Kinder, denkt an das, was ich heute Abend sage: Wenn ihr in dieser bösen Welt jemals glücklich sein wollt, müsst ihr eure Herzen Jesus Christus geben und ihm nachfolgen. Ladet bei ihm alles ab, was eure Seele belastet, und bittet ihn, euer Retter und euer Gott zu werden, dann werdet ihr glückselig sein. Seid nicht eigenwillig und versucht, nur ihm zu gefallen, dann wird euer Leben erfreulich.

Vertraut alles Christus an und er wird sich um alles kümmern, was eure Seele betrifft. Vertraut ihm immerdar und in allen Dingen – in Krankheit und Gesundheit, in der Jugend und im Alter, in Armut und im Überfluss, in Leid und Freud. Vertraut ihm und er wird euer Hirte sein, der über euch wacht, ein Anführer, der euch leitet, ein König, der euch beschützt und ein Freund, der euch hilft, wenn ihr in Not seid. Wenn ihr ihm vertraut, werdet ihr selbst erleben, was er sagt: *„Ich will dich nicht verlassen noch versäumen“* (Hebräer 13,5). Er wird euch seinen Geist geben und euch ein neues Herz schenken. Er wird euch die Kraft geben, ein wahres Kind Gottes zu werden. Er wird euch Gnade schenken, schlechte Launen zu kontrollieren, nicht länger selbstsüchtig zu sein und andere wie euch selbst zu lieben. Er wird eure Sorgen leichter und eure Arbeit einfacher machen. Er wird euch trösten in der Zeit der Not. Christus vermag die glücklich zu machen, die ihm vertrauen. Er starb, um sie zu retten, und er lebt ewiglich, um ihnen Frieden zu geben.

Liebe Kinder, Johannes war sich dieser Dinge sehr wohl bewusst. Er kannte sie aus seiner Erfahrung. Wahrscheinlich sah er, dass die Kinder dieser Frau glücklich in dieser Welt waren – kein Wunder, dass er sich freute.

4. Zu guter Letzt freute sich Johannes, weil er wusste, dass das Wandeln in der Wahrheit im jetzigen Leben zu Ruhm und Ehre im zukünftigen Leben führt.

Das zukünftige Leben ist das Leben, über das wir am meisten nachdenken sollten. Viele Leute scheinen sich nur um das zu kümmern, was ihnen in diesem Leben widerfährt. Aber traurigerweise befinden sie sich damit im Irrtum. Dieses Leben ist sehr kurz, bald wird es vorbei sein. Sogar der älteste Mensch wird sagen, dass er das Gefühl hat, seit seiner Kindheit seien nur wenige Jahre vergangen. Das zukünftige Leben ist das Leben, auf das es wirklich ankommt. Es wird kein Ende haben: immerwährende Freude oder immerwährende Pein. Welch ernster Gedanke!

Kinder, ich zweifle nicht daran, dass Johannes das zukünftige Leben im Sinn hatte, als er sich freute. Unser Herr Jesus Christus hatte ihm oft von den herrlichen Belohnungen erzählt, die für die bereitet sind, die in der Wahrheit wandeln. Johannes dachte an die Belohnungen, die für diese Kinder im Himmel bereit lagen und das erfüllte ihn mit Freude.

Ich bezweifle auch nicht, dass Johannes in seinem Herzen dem Tag der Wiederkunft Jesu freudig entgegensah. Ich wage zu sagen, dass er vor seinem geistigen Auge diese Kinder angetan sah mit weißen Gewändern, ihre Häupter gekrönt mit goldenen Kronen, wie sie zur Rechten Jesu Christi stehen und sich immerzu freuen. Er sah, wie sie einander und ihre geliebte Mutter im Himmel wiedertrafen – an dem seligen Ort, wo man weder Abschied noch Leid mehr kennen wird.

Liebe Kinder, dies müssen liebliche und erfreuliche Gedanken gewesen sein. Es wundert mich nicht, dass Johannes frohlockte.

Nun habe ich gesagt, was ich über unseren Vers zu sagen hatte. Ich habe mein Versprechen gehalten. Ich habe euch erklärt, was es bedeutet, in der Wahrheit zu wandeln – dies ist die eine Sache. Ich habe euch auch erklärt, warum sich Johannes so sehr darüber freute, dass die Kinder dieser Frau in der

Wahrheit wandelten – das ist die andere Sache. Lasst mich nun zum Ende kommen und euch noch etwas sagen, was – mit Gottes Hilfe – dafür sorgen wird, dass sich diese Predigt bei euch einprägt. Ach, wie viele Predigten sind schnell wieder vergessen! Ich möchte, dass diese Predigt in euren Herzen bleibt und Gutes bewirkt.

Jeder von euch möge sich fragen: Würde Johannes, wenn er mich heute anträfe, über mich frohlocken? Wäre er erfreut, wenn er meine Wege und mein Verhalten sehen würde oder traurig und ernst dreinblicken?

Oh Kinder, Kinder, unterschätzt diese Fragen nicht! Dies ist keine Angelegenheit von nur geringer Bedeutung: Es geht um euer Leben! Kein weiser Mensch wird jemals über böse Kinder frohlocken. Sie mögen äußerlich sauber und hübsch sein, schön gekleidet und nett anzusehen, aber ein weiser Mensch wird bei ihrem Anblick nichts als Traurigkeit empfinden: Er spürt, dass ihr inneres Wesen falsch ist. Sie haben kein neues Herz und werden daher nicht in den Himmel kommen. Glaubt mir, es ist weitaus besser, fromm zu sein als hübsch. Es ist weitaus besser, Gnade in euren Herzen zu haben als Geld in euren Taschen oder feine Kleider anzuziehen. Nur Kinder, die Christus lieben, erfreuen das Herz eines weisen Menschen.

Liebe Kinder, ein Letztes muss ich euch noch sagen. Ich überbringe euch allen eine Einladung von Christus, meinem Herrn. In seinem Namen sage ich euch: Kommt und wandelt in der Wahrheit.

Auf diese Weise erfreut ihr die Herzen eurer Eltern und Verwandten. Diese eine Sache, die wichtiger ist als alle anderen, wird eure Geistlichen und Lehrer erfreuen. Ihr habt nur eine geringe Vorstellung davon, wie glücklich ihr uns macht, wenn ihr euch bemüht, in der Wahrheit zu wandeln. Dann empfinden wir, dass alles gut ist, obwohl wir sterben und euch in dieser bösen Welt zurücklassen. Dann spüren wir, dass eure Seelen in Sicherheit sind, obwohl wir abberufen werden und euch nicht mehr helfen und unterweisen können. Dann fühlen wir, dass ihr auf die rechte Art glücklich und dass ihr auf Schwierigkeiten vorbereitet seid, wie viele von ihnen auf euch zukommen mögen. Wir wissen, dass das Wandeln in der Wahrheit jetzt Frieden verleiht und wir sind sicher, dass es hiernach zur Ehre führt.

Fangt noch heute Abend damit an, in der Wahrheit zu wandeln. Der Teufel wird versuchen, euch einzureden, dass dies zu schwer sei und ihr es nicht schaffen werdet. Glaubt ihm ja nicht: er ist ein Lügner. Er will euch schaden. Vertraut auf Christus allein und folgt ihm nach und bald werdet ihr merken, dass sein Weg ein Weg der Freundlichkeit ist und sein Pfad ein Pfad des Friedens. Betet nur darum, dass der Heilige Geist in eurem Herzen Wohnung nehmen möge und bald werdet ihr euch stark fühlen. Er kann euch in aller Wahrheit leiten (Johannes 16,13). Lest nur regelmäßig die Bibel und ihr werdet bald weise werden zu eurer Errettung. Die Bibel ist das Wort der Wahrheit. Lest und betet, betet und lest. Macht euch diese Dinge zur Gewohnheit und behaltet sie bei. Tut dies und bald werdet ihr nicht mehr sagen, es sei unmöglich, in der Wahrheit zu wandeln. Kommt, kommt jetzt.

Kinder, Jesus sagt im dritten Kapitel der Offenbarung: *„Siehe, ich stehe vor der Tür und klopfe an“* (Offenbarung 3,20). Vielleicht geschieht genau das heute Abend? Vielleicht hat Jesus während dieser Predigt unablässig an eure Herzenstür geklopft? Wenn das der Fall ist, so lasst ihn nicht länger warten, sondern kommt noch heute Abend auf euren Knien im Gebet zu ihm. Bittet ihn, sogleich einzutreten. Bittet Jesus, zu kommen und Wohnung in euren Herzen zu nehmen und auf sie achtzugeben, weil sie ihm gehören. Bittet ihn, euren Namen ins Buch des Lebens einzuschreiben. Bittet ihn, dass er euch befähigen möge, in der Wahrheit zu wandeln.

Oh, denkt doch daran, wie viele Kinder auf der Welt nie eine solche Einladung bekommen haben wie ihr! Wie viele Jungen und Mädchen hatten niemals die Gelegenheit, in deren Genuss ihr heute kommt: Die Gelegenheit, gerettet zu werden. Wie viele würden vielleicht vor Freude springen und unverzüglich in der Wahrheit wandeln, wenn sie eingeladen würden. Geliebte Kinder, gebt acht. Zumindest ihr könnt nicht behaupten, nicht eingeladen worden zu sein. Jesus lädt euch ein. Die Bibel lädt euch ein. Ich, ein Diener Christi, lade euch heute Abend alle ein. Oh kommt zu Christus! Kommt und freut euch. Kommt und wandelt in der Wahrheit.

2

Jung und weise

„Vier sind klein auf Erden und klüger denn die Weisen:
Die Ameisen – ein schwaches Volk,
dennoch schaffen sie im Sommer ihre Speise;
Kaninchen – ein schwaches Volk,
dennoch legt es sein Haus in den Felsen;
Heuschrecken – haben keinen König,
dennoch ziehen sie aus ganz in Haufen;
die Spinne – wirkt mit ihren Händen
und ist in der Könige Schlössern.“
(Sprüche 30,24–28)

Liebe Kinder, ich wünsche mir, dass ihr alle sehr weise seid. Weisheit ist weitaus besser als Geld, feine Kleidung, prachtvolle Häuser, Pferde oder Kutschen. Menschen, die nicht weise sind, kommen selten gut voran und sind selten glücklich. Mein größter Wunsch für all die teuren Jungen und Mädchen, die ich liebe, ist, dass sie sehr weise aufwachsen mögen.

„Aber wie können wir weise werden?“, werden manche von euch fragen. „Was sollen wir tun, um diese Weisheit zu erlangen, von der du sagst, dass sie ein solch hohes Gut sei?“

Liebe Kinder, wenn ihr weise werden wollt, müsst ihr Gott

darum im Gebet ersuchen. Ihr müsst ihn bitten, dass er eure Herzen mit seinem Heiligen Geist fülle und euch Weisheit gebe. Das ist die eine Sache.

Außerdem müsst ihr in Gottes heiligem Buch lesen, in der Bibel. Dadurch werdet ihr herausfinden, was wahre Weisheit ist. Durch das Lesen der Bibel werdet ihr sehen, welche Dinge weise Leute tun. Das ist die andere Sache.

Und nun lasst mich zu euch über die vier Bibelverse sprechen, die ich für euch herausgesucht habe. Diese Verse sagen uns etwas über Weisheit. Ich hoffe, dass sie bei euch viel Gutes bewirken.

Gott sagt uns hier etwas durch vier kleine Geschöpfe, die uns als Lehrmeister dienen sollen – die Ameise, das Kaninchen, die Heuschrecke und die Spinne. Er scheint zu sagen, dass sie alle ein Vorbild in Sachen Weisheit sind. Bei allen handelt es sich um kleine, schwache Tiere. Die Ameise ist ein kleines, krabbelndes Insekt, das jeder kennt. Das Kaninchen ist ein kleines Geschöpf, einem Hasen sehr ähnlich. Die Heuschrecke ist eine Art großer Grashüpfer. Und vor einer Spinne braucht selbst das kleinste Kind keine Angst zu haben. Aber Gott sagt uns, dass Ameisen, Kaninchen, Heuschrecken und Spinnen sehr weise sind. So kommt nun, liebe Kinder und hört mir zu. Ich will euch etwas darüber erzählen. Manche von euch sind noch sehr jung, aber hier könnt ihr sehen, dass es möglich ist, jung und schon weise zu sein.

Was wir von den Ameisen lernen können

Was sollt ihr nun von den Ameisen lernen? Von den Ameisen sollt ihr lernen, euch über die Zukunft Gedanken zu machen.

„Die Ameisen“, sagt die Bibel, *„schaffen im Sommer ihre Speise.“* Gott hat die Ameisen so weise und umsichtig geschaffen, dass sie ihre Speise zur Erntezeit sammeln. An den schönen, langen, sonnigen Tagen sind sie nicht faul. Alle Getreidekörner, die sie finden können, bringen sie in ihren Bau. Wenn dann der Frost und der Schnee kommen, leiden sie keinen Hunger: Sie liegen behaglich in ihrem Nest und haben reichlich zu essen.

Schmetterlinge sind viel hübscher anzuschauen als Ameisen. Sie haben schöne Flügel und sind ein viel anmutigerer Anblick. Aber die Schmetterlinge, diese armen Dinger, sind nicht so weise wie die Ameisen. Sie flattern inmitten der Blumen umher und freuen sich während des Sommers. Sie verschwenden keinen Gedanken daran, Speise für den Winter zu sammeln. Aber was passiert, wenn der Winter kommt? Die armen Schmetterlinge sterben alle, während die Ameisen am Leben bleiben.

Und nun, liebe Kinder, möchte ich, dass jeder von euch so weise wird wie die Ameisen. Ich möchte, dass ihr ebenso wie sie die Zukunft bedenkt.

Jeder von euch hat eine unsterbliche Seele. Euer Körper wird irgendwann sterben, eure Seele jedoch niemals. Eure Seele dürft ihr ebenso wenig wie euren Körper vernachlässigen, benötigt sie doch die gleiche Fürsorge. Sie bedarf der Vergebung ihrer Sünden. Sie braucht Gnade, um Gott zu gefallen. Sie braucht Kraft, um gut zu sein. Sie muss Gott zu ihrem besten Freund haben, um glücklich zu sein.

Und, liebe Kinder, die beste Zeit, um Vergebung, Gnade und Gottes Freundschaft zu suchen, ist die Jugendzeit. Kindheit und Jugend sind euer Sommer. Jetzt seid ihr stark und gesund. Jetzt habt ihr Zeit im Überfluss. Noch habt ihr wenig Sorgen und Schwierigkeiten, die euch ablenken könnten. Jetzt ist die beste Zeit, Vorräte an geistlicher Nahrung für eure Seelen anzulegen.

Oh meine geliebten Kinder, bedenkt, dass der Winter vor euch liegt. Das Alter ist euer Winter. Frost, Schnee, Regen und Sturm stehen euch noch bevor. Leid, Schmerz, Krankheit, Tod und das Urteil Gottes kommen im hohen Alter. Glücklich sind die, die sich rechtzeitig darauf vorbereiten. Glücklich sind die, die sich – wie die Ameisen – Gedanken über die zukünftigen Dinge machen!

Weise Jungen und Mädchen lesen ihre Bibel und lernen viele Verse auswendig. Weise Jungen und Mädchen bitten Gott täglich im Gebet, dass er ihnen seinen Heiligen Geist geben möge. Weise sind die, die auf das achten, was ihnen ihre Eltern und Lehrer sagen und sich bemühen fromm zu sein. Weise sind die, denen alle schlechten Wege und bösen Worte missfallen und die immer die Wahrheit sagen. Solche Jungen und Mädchen sind wie die kleinen Ameisen. Sie legen Vorräte für die Zukunft an.

Liebe Kinder, wenn ihr das bislang noch nicht getan habt, so hoffe ich, dass ihr nun damit anfangt. Wenn ihr das bereits getan habt, so hoffe ich, dass ihr darin fortfahrt und euch noch mehr anstrengt. Gleicht nicht den törichten Schmetterlingen, sondern den Ameisen. Denkt an die kommenden Zeiten und seid weise.

Was wir von den Kaninchen lernen können

Lasst uns nun schauen, was ihr von den Kaninchen lernen könnt: Nämlich, dass ihr einen sicheren Ort braucht, an den ihr in gefährlichen Zeiten fliehen könnt.

„Kaninchen", sagt die Bibel, „legen ihr Haus in den Felsen". Kaninchen fürchten sich vor Füchsen, Hunden und herzlosen Menschen, die sie jagen und töten. Sie sind arm, schwach und nicht stark genug, um zu kämpfen und auf sich selbst acht zu geben. Was also sollen sie tun? Sie graben ihre Höhlen inmitten der Steine und Felsen wann immer sie können. Sie fliehen dorthin, wo Menschen sie nicht fangen können. Sie fliehen dorthin, wohin Hunde und Füchse ihnen nicht folgen können. Und sobald sie Menschen, Hunde oder Füchse kommen sehen, suchen sie ihre Zuflucht in diesen Höhlen und sind dort sicher.

Der Hase kann sehr viel schneller laufen als ein Kaninchen, da er viel längere Beine hat. Der Hirsch mit seinem prächtigen Geweih ist viel größer als ein Kaninchen. Aber weder der Hase noch der Hirsch haben Höhlen, in die sie fliehen könnten. Sie halten sich auf dem freien Feld auf. Wenn nun Menschen daherkommen, um sie mit Hunden und Gewehren zu jagen, ist es ein Leichtes, sie zu fangen und zu töten. Aber das kleine Kaninchen hat ein Versteck, in das es flüchten kann, und auf diese Weise kann es oft entkommen.

Ich möchte jetzt, liebe Kinder, dass ihr von den Kaninchen etwas über Weisheit lernt. Ich möchte, dass ihr einen Ort habt, wo eure Seele geborgen ist.

Eure Seele hat viele Feinde. Von so vielen Dingen geht eine

Gefahr für eure Seele aus. Jeder von euch hat ein böses Herz. Habt ihr nicht schon oft bemerkt, wie schwer es ist, gut zu sein? Ein jeder unter euch hat einen furchtbaren Feind, der darauf aus ist, euch ewig zu verderben und in die Hölle zu bringen. Dieser Feind ist der Teufel. Ihr könnt ihn zwar nicht sehen, aber er ist nie weit weg. Ihr alle lebt in einer Welt, wo es viele böse und nur wenige fromme Menschen gibt. Liebe Kinder, mit all diesen Dingen werdet ihr konfrontiert.

Ihr braucht die Hilfe des „Einen", der euch bewahren kann. Ihr braucht einen Zufluchtsort für eure kostbare Seele. Ihr braucht einen guten Freund, der euch von eurem bösen Herzen und vom Teufel erlösen und euch vor dem schlechten Vorbild sündhafter Menschen bewahren kann. Hört mir zu, ich will euch von ihm erzählen.

Es gibt einen, der eure Seele vollkommen beschützen kann. Sein Name ist Jesus Christus. Er ist stark genug, euch zu retten, denn er ist Gottes Sohn. Er möchte euch erretten, denn er kam aus dem Himmel herab und starb am Kreuz um euretwillen. Und er liebt alle Kinder. Er hatte es sehr gern, sie um sich zu haben, als er auf Erden war. Er nahm sie in seine Arme und segnete sie (Markus 10,13–16).

Liebe Kinder, weise Jungen und Mädchen setzen ihre Hoffnung auf Jesus Christus und bitten ihn darum, sich ihrer Seele anzunehmen. Diese Jungen und Mädchen bleiben bewahrt. Jesus Christus liebt sie. Er wird nicht zulassen, dass ihnen Schaden widerfährt. Er wird weder dem Teufel noch bösen Menschen gestatten, ihre Seele zu verderben. Jesus ist der wahre Fels, zu dem Kinder fliehen sollen. Jungen und Mädchen, die ihm vertrauen, werden zu Lebzeiten versorgt und kommen in den Himmel, wenn sie sterben. Jesus ist der wahre Zufluchtsort. Jungen und Mädchen, die ihn lieben, werden sicher und glücklich sein.

Liebe Kinder, ich hoffe, dass ihr euch alle bemühen werdet, eure Seele zu beschützen. Schiebt es nicht auf, den Herrn Jesus Christus darum zu bitten, sich um eure Seelen zu kümmern. Redet euch nicht ein: „Dafür haben wir irgendwann immer noch ausreichend Zeit!" Wer weiß, was euch in Kürze geschehen mag. Vielleicht werdet ihr krank. Vielleicht verliert ihr all eure lieben Freunde und bleibt allein zurück. O kommt und betet *jetzt* zu Jesus! Seid wie die weisen, kleinen Kaninchen. Gebt eurer Seele einen Zufluchtsort.

War wir von den Heuschrecken lernen können

Nun wollen wir schauen, was ihr von den Heuschrecken lernen könnt. Von ihnen müsst ihr lernen, einander zu lieben, zusammenzuhalten und euch gegenseitig zu helfen.

„Heuschrecken", sagt die Bibel, *„haben keinen König, dennoch ziehen sie aus ganz in Haufen"*. Sie haben niemanden, der ihnen Anweisungen erteilt. Es sind arme, kleine, schwache, auf sich allein gestellte Insekten. Eine Heuschrecke allein kann nur sehr wenig ausrichten. Selbst das kleinste Kind könnte sie zertreten. Sie wäre sofort tot.

Aber die kleinen Heuschrecken sind so weise, dass sie immer zusammenbleiben. Sie schwirren in so großer Zahl umher, dass man sie nicht zählen kann, sondern sie für eine schwarze Wolke hält. Sie streiten nicht miteinander, sondern helfen einander. Und auf diese Weise können die Heuschrecken sehr viel ausrichten. Wenn die Bauern und Gärtner die Heuschrecken kommen sehen, werden sie sehr besorgt: Die Heuschrecken fressen das Gras und das Getreide und entblättern ganze Bäume. Das schaffen sie nur, weil sie sich gegenseitig unterstützen.

Liebe Kinder, ich möchte, dass ihr von den Heuschrecken lernt, euch unablässig zu lieben und niemals zu streiten. Ihr sollt versuchen, anderen Jungen und Mädchen stets freundlich und höflich zu begegnen. Haltet euch an folgende Regeln: Seid niemals selbstsüchtig, gehässig, geratet nie in Wut und streitet nicht miteinander. Jungen und Mädchen, die so handeln, sind nicht weise. Sie sind törichter als die Heuschrecken.

Liebe Kinder, zu streiten ist sehr übel. Es gefällt dem Teufel, da er unablässig versucht, Menschen zum Bösen zu bewegen, wie er selbst böse ist. Gott hingegen findet daran keinen Gefallen, da Gott Liebe ist. Selbstsucht und Streitigkeiten geziemen sich nicht für christliche Kinder. Sie sollten versuchen, wie Christus zu sein. Christus war niemals eigensüchtig oder selbstgefällig.

Stellt euch einmal vor, was fromme Jungen und Mädchen alles bewirken könnten, wenn sie sich die kleinen Heuschrecken zum Vorbild nähmen und einander liebten. Stellt euch vor, wie nützlich sie für ihre Eltern wären: Sie könnten ihnen Ärger ersparen und auf vielfältige Weise helfen. Stellt euch vor, wie viel Geld sie sammeln könnten, um die Missionare bei ihrer Arbeit unter den armen Heiden zu unterstützen. Wenn jedes Kind in England pro Jahr ein bisschen Geld sammeln würde, dadurch dass es die Leute um die kleinsten Münzen für die Missionare bittet, käme eine sehr große Summe zusammen. Und stellt euch vor allem vor, was fromme Jungen und Mädchen tun könnten, wenn sie füreinander beteten. Wie glücklich sie bald wären! Solche Gebete würden erhört werden.

Liebe Kinder, liebt einander, solange ihr lebt. Bemüht euch, eines Sinnes zu sein. Habt mit Zankereien und Streitigkeiten nichts zu schaffen. Hasst diese Dinge und betrachtet sie als große Sünde. Ihr solltet euch noch viel besser vertragen als die kleinen Heuschrecken. Sie haben keinen König, der sie lehrt. Ihr habt einen König, der versprochen hat, euch durch seinen Geist zu lehren und dieser König ist Christus. Oh, seid weise wie die Heuschrecken und liebt einander!

Was wir von der Spinne lernen können

Und nun, zu guter Letzt, wollen wir uns anschauen, was ihr von der Spinne lernen könnt. Von ihr müsst ihr lernen, dass kleine Probleme euch nicht von eurem Versuch, gut zu sein, abhalten dürfen.

„Die Spinne“, sagt die Bibel, *„wirkt mit ihren Händen und ist in der Könige Schlössern“*. Ihr alle wisst, dass die Spinne klein und schwach ist. Aber sie unternimmt große Anstrengungen, um ihr Netz zu weben. Sie schleicht sich in große Häuser, krabbelt an die Decke der edelsten Gemächer und spinnt dort ihr Netz. Es scheint, als könne sie niemand davon abhalten, hereinzukommen. Und wenn das Gesinde kommt und das Netz mit einer Bürste entfernt, dann macht sich die Spinne sofort an die Arbeit und webt ein neues Netz. Kein Insekt ist so be-

harrlich wie die Spinne. Wieder und wieder verrichtet sie ihre Arbeit. Sie gibt nicht auf.

Ich erinnere mich an die Geschichte eines großen Königs, der sein Königreich dadurch zurückgewann, dass er sich die Spinne zum Vorbild nahm. Der arme Mann war, wie König David, von niederträchtigen Aufrührern aus seinem Königreich vertrieben worden. Oft hatte er versucht, es zurückzubekommen. Viele Schlachten hatte er geschlagen, nur um jedes Mal zu unterliegen. Letztendlich begann er, dies als zwecklos anzusehen: Er würde aufgeben und nicht mehr kämpfen. Um diese Zeit geschah es, als er eines Sommermorgens bereits sehr früh wach in seinem Bette lag, dass er eine Spinne bei ihrer Arbeit erspähte. Sie versuchte, einen Faden von der einen Seite des Zimmers bis auf die andere Seite zu spinnen. Zwölf Mal versuchte sie es vergeblich. Zwölf Mal riss der Faden und sie fiel zu Boden. Aber sie gab nicht auf: Sie hielt durch und beim dreizehnten Mal gelang ihr Vorhaben. Als der König das sah, sprach er bei sich selbst: „Warum sollte ich nicht auch beharrlich weitermachen und versuchen, mein Königreich wiederzuerlangen? Warum sollte ich letzten Endes nicht Erfolg haben, obgleich ich so oft gescheitert bin?“ Er versuchte es nochmal. Er siegte. Er bezwang seine grausamen Feinde und gewann sein Königreich zurück. Liebe Kinder, der Name dieses Königs war Robert Bruce[1]. Er bekam sein Königreich Schottland wieder, indem er die Spinne nachahmte.

Nun möchte ich, dass ihr euch die Spinne als Vorbild für eure Seele nehmt. Wie die Spinne sollt ihr beständig am Guten

---

1 Robert I., König von Schottland (1274–1329).

festhalten. Ich bitte euch: Gebt niemals auf! Ich möchte, dass ihr weiterhin versucht, nicht das Böse, sondern das Gute zu tun und das, was Gott gefällt.

Oh liebe Kinder, es tut mir leid, das zu sagen, aber die Welt ist böse und viele werden versuchen, euch zum Bösen zu verführen, wenn ihr heranwachst. Der Teufel wird sich die größte Mühe geben, damit ihr Gott vergesst. Verdorbene Männer und Frauen werden euch einreden, ihr brauchtet nicht so gut zu sein.

Ich flehe euch an, nicht nachzugeben. Ich bitte euch eindringlich auszuharren. Betet jeden Tag, lest regelmäßig in der Bibel und besucht sonntags den Gottesdienst. Leider geben viele Jungen und Mädchen alles Gute auf, sobald sie die Schule verlassen. Während ihrer Schulzeit gebrauchen sie ihre Bibeln, Kirchengesangbücher und Gebetsbücher. Doch sobald ihr Schulbesuch endet, hören sie auch auf, ihre Bücher zu benutzen. Häufig geraten sie in schlechte Gesellschaft, geraten auf krumme Wege oder faulenzen den ganzen Sonntag. Alles, was man sie gelehrt hat, scheinen sie zu vergessen. Das aber ist kein Ausharren. Das bedeutet, törichter zu sein als die kleine Spinne. Es ist sündhaft und unweise.

Liebe Kinder, im Himmel gibt es ein prächtiges Haus, in dem ich einige von euch anzutreffen hoffe. Dort gibt es einen Palast, der Jesus Christus gehört, viel schöner als jeder Palast auf Erden, in dem alle Jünger Jesu Christi für immer glücklich leben werden. Liebe Kinder, ich hoffe, viele von euch dort zu sehen.

Aber bedenkt, um uns in diesem herrlichen Palast begegnen zu können, müsst ihr ausharren und euch um eure Seele bemühen. Ihr müsst von Herzen beten. Ihr müsst regelmäßig die Bibel lesen. Ihr müsst täglich gegen die Sünde ankämpfen. Wenn böse Leute euch locken, etwas Falsches zu tun, müsst ihr ihnen entschieden entgegentreten: „Ich gebe meinen Glauben nicht auf. Ich werde versuchen, Christus zu gefallen!" Oh, lasst die kleine Spinne euer ganzes Leben lang als Vorbild dienen! Seid beharrlich und weise.

Abschließen möchte ich mit der Bitte an euch, liebe Kinder, dass ihr über das nachdenkt, was ich euch erzählt habe. Ich habe euch von vier kleinen Geschöpfen erzählt, die sehr weise sind – Ameisen, Kaninchen, Heuschrecken und Spinnen. Ich habe euch gezeigt, dass die Weisheit der Ameisen ein Vorbild ist, weil sie die Zukunft bedenken. Die Weisheit der Kaninchen ist ein Vorbild, weil sie ihre Höhlen an sicheren Orten anlegen. Die Weisheit der Heuschrecken ist ein Vorbild, weil sie einander helfen. Und die Weisheit der Spinnen ist ein Vorbild, weil sie beharrlich weitermachen. Liebe Kinder, ich möchte, dass ihr werdet wie sie. [Was auch die Zukunft bringt: Seid jetzt schon weise!]

Seid weise wie die Ameisen. Schaut euch die beiden folgenden Bibelverse an und lernt sie auswendig: *„Gedenke an deinen Schöpfer in deiner Jugend"* (Prediger 12,1). *„Schicke dich … und begegne deinem Gott"* (Amos 4,12).

Seid weise wie die Kaninchen. Schaut euch die beiden folgenden Bibelverse an und lernt sie auswendig: *„Glaube an den Herrn Jesus Christus, so wirst du … selig"* (Apostelgeschichte 16,31). *„Du bist mein Schirm; du wirst mich vor Angst behüten"* (Psalm 32,7).

Seid weise wie die Heuschrecken. Schaut euch die beiden

folgenden Bibelverse an und lernt sie auswendig: *„Dabei wird jedermann erkennen, dass ihr meine Jünger seid, so ihr Liebe untereinander habt"* (Johannes 13,35). *„Wer seinen Bruder nicht liebt, den er sieht, wie kann er Gott lieben, den er nicht sieht"* (1.Johannes 4,20)?

Seid weise wie die Spinnen. Schaut euch diese Bibelverse an und lernt sie auswendig: *„Bittet, so wird euch gegeben; suchet, so werdet ihr finden"* (Matthäus 7,7). *„Lasset uns ablegen die Sünde, so uns immer anklebt und träge macht, und lasset uns laufen durch Geduld in dem Kampf, der uns verordnet ist und aufsehen auf Jesus"* (Hebräer 12,1 f.).

Liebe Kinder, denkt über diese Dinge nach. Auf diese Weise werdet ihr Freude und Weisheit erlangen. Vergesst niemals, was Gott in der Bibel sagt: *„Ein armes Kind, das weise ist, ist besser denn ein alter König, der ein Narr ist"* (Prediger 4,13). *„Die Weisen werden Ehre erben"* (Sprüche 3,35).

3

Kein Geschrei mehr!

„Gott wird abwischen alle Tränen von ihren Augen, und der Tod wird nicht mehr sein, noch Leid noch Geschrei noch Schmerz wird mehr sein." (Offenbarung 21,4)

Liebe Kinder, ich will euch etwas erzählen, wodurch ihr euch hoffentlich euer ganzes Leben lang an diesen Vers erinnern werdet.

Ich werde euch von drei Orten erzählen, über die die Bibel eine Menge zu berichten hat. Es ist ziemlich unwichtig, was wir über manche Orte wissen, aber es ist sehr wichtig, etwas über die drei Orte zu wissen, über die ich nun sprechen werde.

I. Es gibt einen Ort, an dem es eine Menge Geschrei gibt.
II. Es gibt einen Ort, an dem es nichts als Geschrei gibt.
III. Es gibt einen Ort, an dem es überhaupt kein Geschrei gibt.

Nun hört mir zu, ich werde euch einige wissenswerte Dinge erzählen.

Der Ort, an dem es eine Menge Geschrei gibt

Zunächst gibt es einen Ort, an dem es eine Menge Geschrei gibt.

Welcher Ort ist das? Es ist die Welt, in der wir leben, ihr und ich. Diese Welt ist voller schöner und erfreulicher Dinge. Des Tags scheint die Sonne und des Nachts funkeln die Sterne. Die blauen Hügel blicken zum Himmel empor. Die wogende See befindet sich im ständigen Wechsel von Ebbe und Flut. Die großen Seen liegen ruhig da und die Flüsse rauschen unaufhörlich. Im Frühling blühen die Blumen und im Herbst sind die Getreidefelder zur Ernte reif. Die Vögel singen in den Wäldern und die Lämmer spielen auf den Weiden – all dies sind wunderschöne Dinge. Ich könnte sie stundenlang betrachten und dann sagen: „Wie wunderschön ist doch diese Welt!" Und dennoch ist dies eine Welt, in der es eine Menge Geschrei gibt. Es ist eine Welt, in der es viele Tränen gibt.

Geschrei gab es schon zu biblischen Zeiten. Hagar weinte, als sie dachte, Ismael werde sterben (1.Mose 21,16). Abraham beweinte Sara, als sie starb (1.Mose 23,2). Joseph weinte, dass ihn seine Brüder nach Ägypten verkauft hatten (1.Mose 42,24). David weinte, als Absalom getötet wurde (2.Samuel 19,1). In Jerusalem wurde geweint, weil der gute König Josia in der Schlacht erschlagen wurde (2.Chronik 35,24). In Bethlehem wurde geweint, als Herodes all die kleinen zweijährigen Kinder tötete (Matthäus 2,18). Über all das und über viele ähnliche Dinge berichtet die Bibel.

Auch heute gibt es Geschrei auf der ganzen Welt. Kleine Babys schreien, wenn sie etwas brauchen oder wenn sie Schmerzen haben. Jungen und Mädchen schreien, wenn sie verletzt sind, Angst haben oder zurechtgewiesen werden. Erwachsene schreien manchmal, wenn sie Probleme haben oder wenn sie ihre Angehörigen sterben sehen. Kurz: Wo immer es Leid und Schmerz gibt, gibt es auch Geschrei.

Wahrscheinlich habt ihr schon Leute gesehen, die ganz in Schwarz gekleidet in die Kirche kommen. Das bedeutet, dass sie trauern. Sie kleiden sich in Schwarz, weil ein Verwandter oder Freund von ihnen gestorben ist. Denkt daran: Wenn ihr jemanden seht, der in Trauer ist, da hat jemand geschrien.

Wahrscheinlich habt ihr auch schon Gräber auf den Friedhöfen gesehen und gehört, dass Menschen dort begraben werden, wenn sie gestorben sind. […]

Kinder, habt ihr euch jemals gefragt, woher all dieses Geschrei kommt? Habt ihr jemals darüber nachgedacht, wie alles begann? Habt ihr jemals gehört, wie Weinen und Tränen in diese Welt kamen? Gott hat das Geschrei nicht erschaffen – das ist gewiss. Alles, was Gott gemacht hatte, *„war sehr gut“* (1.Mose 1,31). Hört gut zu, ich werde euch erzählen, wie das Geschrei seinen Anfang nahm.

Das Geschrei kam aufgrund der Sünde in diese Welt. Die Sünde ist die Ursache allen Weinens, aller Tränen, allen Leids und aller Schmerzen, die es auf dieser Welt gibt. Alles Geschrei begann, als Adam und Eva von der verbotenen Frucht aßen und Sünder wurden. Durch die Sünde kamen Schmerz, Krankheit und Tod in die Welt. Die Sünde brachte Selbstsucht, Bösartigkeit, Lieblosigkeit, Feindschaft, Diebstahl und Streit in die Welt. Wenn es das Böse nicht gegeben hätte, hätte es auch kein Weinen gegeben. Wenn es keine Sünde gegeben hätte, hätte es auch kein Geschrei gegeben.

Und nun, liebe Kinder, schaut, wie sehr ihr die Sünde hassen solltet. All das Elend auf dieser Welt gibt es aufgrund der Sünde. Wie sonderbar und erstaunlich ist es doch, dass man Gefallen an der Sünde finden kann! Das soll bei euch nicht so sein. Hütet euch vor der Sünde. Kämpft gegen sie an. Geht ihr aus dem Weg. Hört nicht auf sie. Hört auf den Rat des Apostels Paulus: *„Hasset das Arge"* (Römer 12,9). Nehmt euch den Ratschlag Salomos zu Herzen: *„Wenn dich die bösen Buben locken, so folge nicht"* (Sprüche 1,10). Sagt euch jeden Morgen: „Die Sünde ist die Ursache des Geschreis, darum hasse ich sie."

Schaut, meine lieben Kinder, wie töricht es ist, die vollkommene Glückseligkeit in dieser Welt zu erwarten. Dies bedeutet, etwas zu erwarten, was man hier nicht finden kann. Die Welt ist ein Ort, an dem es viel Geschrei gibt und die Dinge nicht immer angenehm verlaufen. Viele Jungen und Mädchen sprechen über die Vergnügungen, die sie erleben werden, wenn sie erwachsen sind. Wenn ich sie so reden höre, bekomme ich Mitleid mit ihnen. Ich weiß, dass sie enttäuscht sein werden. Wenn sie groß sein werden, werden sie erkennen, dass sie in dieser Welt vielen Mühen und Sorgen begegnen werden. Es gibt keine Rosen ohne Dornen. Es vergeht kein Jahr, in dem es nicht auch dunkle und verregnete Tage gibt. Es gibt kein Leben auf dieser Welt ohne Geschrei und Tränen.

Der Ort, an dem es nur Geschrei gibt

Jetzt komme ich auf den zweiten Ort zu sprechen, von dem euch erzählen möchte. Es gibt einen Ort, an dem es nichts als Geschrei gibt.

Was ist das für ein Ort? Es ist der Ort, an den alle bösen Menschen kommen, wenn sie gestorben sind. Es ist der Ort, den die Bibel „Hölle" nennt. In der Hölle gibt es kein Lachen, ja nicht einmal ein Lächeln. Es gibt dort nichts außer *„Heulen und Zähneklappern"* (Matthäus 13,42). In der Hölle gibt es keinerlei Fröhlichkeit. Diejenigen, die dort hingehen, schreien unaufhörlich Tag und Nacht. Sie finden keine Ruhe. Sie legen sich nie schlafen und wachen glücklich auf. Ihr Geschrei in der Hölle hört niemals auf.

Liebe Kinder, leider muss ich euch sagen, dass viele Menschen in die Hölle kommen. *„Der Weg ist breit, der zur Verdammnis abführt; und ihrer sind viele, die darauf wandeln"* (Matthäus 7,13). Ich befürchte, dass viele Kinder in die Hölle kommen. Ich sehe viele Jungen und Mädchen, die so bösartig und ungezogen sind, dass ich mir sicher bin, dass sie für den Himmel nicht geeignet sind. Und wenn sie nicht in den Himmel kommen, wenn sie gestorben sind, wohin kommen sie dann? Es gibt nur einen Ort, an den sie dann kommen können: Die Hölle.

Liebe Kinder, es macht mich traurig, diese Dinge zu sagen. Ich kann den Gedanken nicht ertragen, dass Jungen und Mädchen an diesem entsetzlichen Ort landen, an dem es nichts als Geschrei gibt. Es ist mein Herzenswunsch und mein Gebet, dass ihr nicht in die Hölle kommt. Aber einige Dinge müsst ihr bedenken, wenn ihr nicht in die Hölle kommen wollt. Hört mir gut zu, wenn ich euch nun ein paar Fragen stelle.

Zunächst möchte ich euch fragen: Liebt ihr Jesus Christus? Ihr solltet ihn lieben. Er starb am Kreuz für eure Sünden, um euch vor der Hölle zu bewahren. Er ließ sich in das dunkle Gefängnis des Grabes einschließen, damit eure Sünden vergeben werden können und damit ihr nicht für alle Zeit in der Hölle angekettet sein müsst. Liebe Kinder, denkt darüber nach! Wenn ihr es nur liebt, zu spielen, zu essen und zu trinken, schöne Kleidung und Bücher mit Geschichten zu haben, und Christus nicht liebt, so seid ihr nicht auf dem richtigen Weg. Gebt acht! Wenn ihr nicht aufpasst, werdet ihr am Ende an den Ort kommen, an dem es nichts als Geschrei gibt.

Dann will ich euch fragen: Versucht ihr, Christus zu gefallen? Ihr solltet es versuchen. In der Bibel lesen wir, dass Jesus Christus gesagt hat: *„Liebet ihr mich, so haltet ihr meine Gebote"* (Johannes 14,15) und *„Ihr seid meine Freunde, so ihr tut, was ich euch gebiete"* (Johannes 15,14). Liebe Kinder, denkt darüber nach! Wenn ihr selbstsüchtig oder jähzornig seid, Lügen verbreitet, miteinander streitet oder nicht das tut, was euch aufgetragen wurde, dann seid ihr nicht Freunde Christi. Gebt acht. Wenn ihr nicht aufpasst, werdet ihr am Ende an den Ort kommen, an dem es nichts als Geschrei gibt.

Noch etwas will ich euch fragen: Heiligt ihr den Sonntag? Auch das solltet ihr tun. Gott gebietet es und es ist zu eurem Besten. Ich hörte einst von einem kleinen Jungen, der von der Kirche nicht direkt nach Hause ging, sondern auf dem Eis spielte. „Tommy", fragte seine Mutter, „warum hast du das getan?" „Mutter", antwortete Tommy, „ich habe nicht daran gedacht, dass heute Sonntag ist." „Tommy", sprach seine Mutter, „das ist genau das, wovor Gott gewarnt hat! Bedenke, dass er im vierten Gebot angeordnet hat: *„Gedenke des Sabbattags, dass du ihn heiligest"* (2.Mose 20,8). Liebe Kinder, denkt darüber nach! Wenn ihr Gott nicht einen Tag in der Woche widmen wollt, ist euer Herz nicht aufrichtig. Gebt acht! Wenn ihr nicht aufpasst, werdet ihr am Ende an den Ort kommen, an dem es nichts als Geschrei gibt.

Ich möchte euch noch etwas anderes fragen: Betet ihr? Das solltet ihr ebenfalls tun. Gott wird niemals euer Freund sein, wenn ihr nicht mit ihm sprecht und ihn nicht darum bittet, eure Seele zu bewahren und euch gut zu machen. Wenn ihr niemals betet oder ihr eure Gebete nur gedankenlos herunterleiert, wird euer Herz bald mit Unfrieden und Sünde erfüllt sein. Nicht einen Tag wird es dann geben, an dem diese Dinge nicht in eurem Herzen sind. Ich hörte einst von einem Jungen, der einen kleinen Garten voller Blumen geschenkt bekam, aber er kümmerte sich überhaupt nicht darum. Er harkte nie oder jätete das Unkraut. Nach wenigen Wochen wucherte das Unkraut so heftig, dass es die Blumen völlig erstickte. Liebe Kinder, denkt darüber nach! Wenn ihr Gott nicht darum bittet, den Heiligen Geist in euer Herz zu geben, wird der Teufel es bald mit Sünde füllen. Gebt acht! Wenn ihr nicht aufpasst, werdet ihr am Ende an den Ort kommen, an dem es nichts als Geschrei gibt.

Und noch eine Frage will ich euch stellen: Lest ihr die Bibel? Dies ist ebenfalls etwas, das ihr tun solltet. Dieses wunderschöne Buch kann euch vor der Hölle bewahren und eure Seele retten. Wenn ihr von der Bibel richtig Gebrauch macht, wird der Teufel euch nichts anhaben. Einst hörte ich von einem kleinen Jungen in Afrika, der zusammen mit seinem Vater in der Nähe eines Lagerfeuers unter freiem Himmel übernachtete. Mitten in der Nacht erwachte er und sah einen großen Löwen, der ganz nah herangekommen war. Es sah ganz so aus, als ob der Löwe ihn angreifen wollte. Der kleine Junge ergriff ein brennendes Holzscheit und schleuderte es dem Löwen ins Gesicht, wodurch er ihn verjagte. Liebe Kinder, denkt darüber nach! *„Der Teufel geht umher wie ein brüllender Löwe und sucht, welchen er verschlinge“* (1.Petrus 5,8). Aber wenn ihr die Bibel richtig anwendet, kann er euch nichts anhaben. Wenn ihr ihn verjagen wollt, müsst ihr die Bibel lesen. Wenn ihr lesen könnt und die Bibel dennoch vernachlässigt, seid ihr in großer Gefahr. Gebt acht! Wenn ihr nicht aufpasst, wird euch der Teufel an den Ort mitnehmen, an dem es nichts als Geschrei gibt.

Liebe Kinder, behaltet diese fünf Fragen in Erinnerung. Denkt oft darüber nach und prüft euer Herz. Ich mache mir keine Sorgen um Kinder, die Jesus lieben und versuchen, ihm zu gefallen, die den Sonntag heiligen, beten und die Bibel lesen. Ich mache mir keine Sorgen, dass sie in die Hölle kommen könnten, wenn sie sterben. Ich bin aber sehr besorgt wegen der Kinder, die auf diese Dinge nichts geben. Ich denke, sie sind in großer Gefahr.

Der Ort, an dem es überhaupt kein Geschrei gibt

Ich werde euch nun wie versprochen noch von einem dritten Ort erzählen. Es gibt einen Ort, an dem es überhaupt kein Geschrei gibt.

Welcher Ort ist das? Es ist der Himmel. Das ist der Ort, an den alle frommen Menschen kommen, wenn sie gestorben sind. Dort gibt es nur Freude und Glückseligkeit. Keine Träne wird dort vergossen. Leid, Schmerz, Krankheit und Tod haben dort keinen Zutritt. Im Himmel gibt es kein Geschrei, weil es dort keinerlei Ursache mehr für Kummer gibt.

Liebe Kinder, im Himmel wird es keinen Unterricht mehr geben. Ihr werdet alles gelernt haben. Die Schule wird geschlossen sein. Zensuren und Strafen haben für alle Zeiten ausgedient. Dort werden die Ferien bis in alle Ewigkeit andauern.

Im Himmel wird es keine Arbeit mehr geben. Der Mensch muss sich sein Brot nicht länger durch Arbeit verdienen. Der Kopf wird nicht mehr weh tun vom vielen Nachdenken. Die Hände werden nicht mehr steif und schmutzig sein von der Plackerei. Die Kinder Gottes werden dort ewige Ruhe finden.

Im Himmel wird es keine Krankheit geben. Schmerz, Gebrechen, Schwachheit und Tod wird man nicht kennen. Die Menschen, die dort wohnen, werden nicht mehr sagen: „Ich bin krank." Sie werden für immer gesund sein. Es wird nichts als Gesundheit und Kraft geben für alle Ewigkeit.

Im Himmel wird es keine Sünde geben, keine schlechte Stimmung, keine unfreundlichen Worte und kein boshaftes Verhalten. Der große Verführer, der Teufel, darf nicht hineinkommen und die Glückseligkeit verderben. Es wird nichts als Heiligkeit und Liebe dort geben für alle Ewigkeit.

Und das Beste: Der Herr Jesus Christus selbst wird inmitten des Himmels sein. Seine Nachfolger werden ihn endlich von Angesicht zu Angesicht sehen und immer in seiner Gegenwart bleiben. Er wird seine Schafe bei sich versammeln und alle Tränen von ihren Augen abwischen (Offenbarung 21,4). Wo er ist, wird es Freude die Fülle geben, und Lieblichkeit zu seiner Rechten ewiglich.

Liebe Kinder, würdet ihr nicht gerne in den Himmel kommen? Wir können nicht für immer auf dieser Welt leben. Eines Tages müssen wir sterben wie die alten Menschen, die bereits gestorben sind. Kinder, würdet ihr nicht gerne in den Himmel kommen, wenn ihr gestorben seid? Hört mir zu. Ich werde euch etwas über den Weg erzählen, den ihr gehen müsst.

Wenn ihr in den Himmel kommen wollt, müssen eure Sünden vergeben werden und ihr ein neues, frommes Herz bekommen. Es gibt nur einen, der euch das schenken kann. Dieser eine ist der Herr Jesus Christus. Gott hat ihn zum Freund der Sünder bestimmt. Er vermag euch von euren Sünden reinzuwaschen mit seinem eigenen kostbaren Blut. Er kann eure Herzen erneuern, indem er euch seinen Heiligen Geist gibt. Er ist der Weg und die Tür zum Himmel (Johannes 14,6; 10,9). Er hat die Schlüssel in seiner Hand. Kinder, wenn ihr in den Himmel kommen wollt, müsst ihr Jesus Christus um Einlass bitten.

Bittet Jesus im Gebet, dass er euch eine Stätte bereiten möge in der Welt, in der es kein Geschrei gibt. Bittet ihn, euren Namen ins Buch des Lebens zu schreiben und euch zu seinem

Volk zu zählen. Bittet ihn, euch von allen Sünden zu reinigen und den Heiligen Geist in euer Herz zu geben. Bittet ihn, euch Kraft zu geben, um in seinem Kampf gegen Sünde, Welt und Teufel zu bestehen. Bittet ihn um Gnade, dass er euch fromm macht, solange ihr jung seid und wenn ihr heranwachst, damit ihr zu euren Lebzeiten geborgen und nach eurem Tod für immer glücklich seid.

Kinder, Jesus Christus ist bereit, all das zu tun, wenn ihr ihn nur darum bittet. Er hat dies bereits für viele Menschen getan. Gerade jetzt wartet er darauf, es auch für euch zu tun. Habt keine Angst, ihn darum zu bitten. Sagt ihm, dass ihr davon gehört habt, dass er den Menschen, als er auf Erden war, mit Freundlichkeit begegnet ist und bittet ihn, auch euch mit Freundlichkeit zu begegnen. Erinnert ihn daran, wie freundlich er dem armen, sterbenden Räuber am Kreuz begegnete (Lukas 23,42 f.). Sprecht zu ihm: „Herr Jesus, erinnere dich an mich, ich möchte in den Himmel kommen. Herr, denk an mich. Herr, gib mir den Heiligen Geist. Herr, vergib mir meine Sünden und gib mir ein neues Herz. Herr Jesus, rette mich."

Und nun, Kinder, habe ich mein Wort gehalten. Ich habe euch von drei Orten erzählt. Ich habe euch von einem Ort erzählt, an dem es nichts als Geschrei gibt. Ich hoffe, dass keiner von euch dorthin kommen wird. Ich habe euch von einem Ort erzählt, an dem es überhaupt kein Geschrei gibt. Ich hoffe, ihr alle werdet dorthin kommen. Und ich habe euch von einem Ort erzählt, an dem es eine Menge Geschrei gibt. Dieser Ort ist die Welt, in der ihr lebt. Und schließlich, würdet ihr gerne den besten Weg wissen, wie ihr in dieser Welt glücklich sein könnt? Hört gut zu, ich will es euch erzählen.

Die glücklichsten Menschen auf dieser Welt sind diejenigen, die die Bibel zum Maßstab ihres Lebens machen. Sie lesen oft darin. Sie glauben, was die Bibel sagt. Sie lieben Jesus Christus, den Retter, von dem die Bibel berichtet. Sie versuchen, das zu befolgen, was die Bibel gebietet. Niemand ist so glücklich wie diese Menschen. Sie können nicht verhindern, dass auch sie bisweilen von Krankheit und Schwierigkeiten heimgesucht werden. Aber die Bibel lehrt sie, diese Dinge geduldig zu ertragen. Kinder, wenn ihr glücklich durch die Welt gehen wollt, habt die Bibel zu eurem besten Freund.

Soll ich euch eine Geschichte erzählen, die ich einmal gehört habe, von einem kleinen Jungen und der Bibel? Sie kann euch dabei helfen, euch an das zu erinnern, was ich soeben gesagt habe. Ich möchte, dass euch die Worte, die ich soeben geschrieben habe, für immer im Gedächtnis bleiben.

„Vater“, sagte dieser kleine Junge eines Tages, „ich sehe keinen Sinn darin, die Bibel zu lesen. Ich kann nicht erkennen, wie das den Leuten von Nutzen sein sollte.“ Der kleine Johnny sagte dies in einem ziemlich verärgerten und missmutigen Ton, so dass sein Vater es für das Beste hielt, keine Diskussion anzufangen. „Johnny“, sagte er, „setz deine Mütze auf und lass uns eine Runde spazieren gehen.“

Johnnys Vater nahm ihn zunächst mit zum Haus einer armen, alten Frau und sprach mit ihr über ihre Armut. „Mein Herr“, sagte die alte Frau, „ich beklage mich nicht. In der Bibel habe ich die folgenden Worte gelesen: *„Ich habe gelernt, worin ich bin, mir genügen zu lassen“* (Philipper 4,11). „Johnny“, sagte der Vater, „hör dir an, was die alte Frau sagt.“

Sie setzten ihren Weg fort und kamen zu einem anderen

Haus, in dem eine junge Frau wohnte, die sehr krank war und es bestand keinerlei Aussicht auf Besserung. Johnnys Vater wollte von ihr wissen, ob sie denn keine Angst vor dem Tod habe. „Nein“, antwortete sie, „in der Bibel steht geschrieben: *„Und ob ich schon wanderte im finstern Tal, fürchte ich kein Unglück; denn du bist bei mir“* (Psalm 23,4). „Johnny“, forderte der Vater seinen Jungen erneut auf, „hör dir an, was die junge Frau sagt.“

Kinder, als die beiden an diesem Nachmittag von ihrem Spaziergang nach Hause zurückkehrten, wurde Johnny von seinem Vater gefragt: „Johnny, glaubst du, dass es Sinn macht, in der Bibel zu lesen? Glaubst du, dass dies den Menschen von Nutzen ist?“

Was, denkt ihr, hat Johnny geantwortet? Ich will es euch sagen: Er hielt seinen Kopf gesenkt und sagte nichts. Aber er errötete sehr und sah zutiefst beschämt aus.

Kinder, seitdem hörte man Johnny nie wieder sagen, dass es keinen Sinn mache, die Bibel zu lesen.

Liebe Kinder, denkt an diese abschließenden Worte: Um mit so wenig Geschrei wie möglich durch diese Welt zu kommen, lest die Bibel, glaubt der Bibel, betet über das Gelesene und lebt nach der Bibel.

Wer auf diese Weise durchs Leben geht, wird am wenigsten Geschrei in dieser Welt erleben. Und das Beste: In der kommenden Welt wird es für ihn mit dem Geschrei ganz vorbei sein.

4

Das kleine, glückliche Mädchen

Liebe Kinder, wollt ihr wissen, welches das glücklichste Kind war, das ich jemals gesehen habe? Hört mir zu, ich will es euch erzählen.

Das glücklichste Kind, das ich jemals gesehen habe, war ein kleines Mädchen, das ich einst traf, als ich mit dem Zug fuhr. Wir beide befanden uns auf dem Weg nach London und legten zahlreiche Meilen gemeinsam zurück. Sie war gerade mal acht Jahre alt und völlig blind. Sie hatte noch nie sehen können. Niemals hatte sie die Sonne, die Sterne, den Himmel, das Gras, die Blumen, die Bäume, die Vögel und all diese erfreulichen Dinge gesehen, die ihr jeden Tag in eurem Leben sehen könnt – und dennoch war sie vollkommen glücklich.

Sie war ganz auf sich allein gestellt, das arme kleine Ding. Sie hatte weder Freunde noch Verwandte, die während der Reise auf sie achtgeben und sich um sie kümmern konnten, aber sie war vollkommen glücklich und zufrieden. Während sie in den Waggon stieg, sagte sie: „Sagt mir, wie viele Leute sich in dem Waggon befinden. Ich bin völlig blind und sehe nichts." Ein Herr fragte sie, ob sie denn keine Angst habe. „Nein", antwortete sie, „ich habe keine Angst. Dies ist nicht meine erste Reise, ich vertraue auf Gott, und die Leute behandeln mich immer sehr gut."

Schon bald fand ich den Grund heraus, weshalb sie so glücklich war. Und, was denkt ihr, war die Ursache? Sie liebte Jesus Christus und Jesus Christus liebte sie, sie hatte Jesus Christus gesucht und ihn gefunden.

Ich fing an, mich mit ihr über die Bibel zu unterhalten und merkte bald, dass sie eine Menge darüber wusste. Sie besuchte eine Schule, in der die Lehrerin ihr aus der Bibel vorzulesen pflegte. Sie war eine gute Schülerin und erinnerte sich an das, was ihre Lehrerin vorgelesen hatte.

Liebe Kinder, ihr könnt euch nicht vorstellen, wie viel dieses arme, kleine, blinde Mädchen aus der Bibel wusste. Ich wünschte, jeder Erwachsene in England wüsste so viel wie sie. Von ein paar Dingen will ich euch erzählen.

Sie sprach mit mir über die Sünde: Wie die Sünde in die Welt kam, als Adam und Eva von der verbotenen Frucht aßen und wie man die Sünde nun allerorten antreffen kann. „Oh", sagte sie, „es gibt keine wirklich guten Menschen. Die besten Menschen begehen tagtäglich viele Sünden, und ich bin mir sicher: Auch wenn wir sonst nichts falsch machen, so verschwenden wir doch alle eine Menge Zeit. Oh, wir sind alle solche Sünder! Es gibt keinen, der nicht eine Vielzahl an Sünden begangen hätte."

Und dann redete sie über Jesus Christus. Sie erzählte mir von den Todesängsten im Garten Gethsemane, wie Jesus Blutstropfen schwitzte und wie die Soldaten ihn ans Kreuz nagelten, wie ihm mit dem Speer die Seite durchstoßen wurde und Blut und Wasser herauskamen (Lukas 22,44; 23,33; Johannes 19,34). „Oh", sagte sie, „wie gütig war es von ihm, für uns zu sterben und durch einen solchen grausamen Tod! Wie gütig war er, für unsere Sünden so zu leiden."

Dann sprach sie über verdorbene Menschen. Sie erzählte mir, dass sie Angst habe, dass es ihrer so viele in der Welt gäbe und es sie sehr unglücklich mache, wie viele ihrer Schulkameraden und Bekannten einfach so vor sich hinlebten. „Aber", sagte sie, „ich weiß, weshalb sie so verdorben sind: Weil sie gar nicht versuchen, gut zu sein; sie wünschen gar nicht, gut zu sein; sie bitten Jesus nicht, dass er sie zum Guten verändern möge."

Ich fragte sie, welchen Teil der Bibel sie am meisten mochte. Sie erzählte mir, dass sie all die Berichte über Jesus Christus sehr gern haben würde, aber die Kapitel, die sie am meisten liebte, waren die letzten Kapitel im Buch der Offenbarung. Da ich eine Bibel bei mir hatte, holte ich sie hervor und las ihr diese Kapitel vor, während wir weiterfuhren.

Als ich geendet hatte, fing sie an, über den Himmel zu sprechen. „Stell dir mal vor", sagte sie, „wie wunderbar es dort sein wird! Dort wird es weder Leid noch Geschrei noch Tränen geben" (Offenbarung 21,4). Und Jesus Christus wird dort sein, da es heißt, *„ihre Leuchte ist das Lamm"* (Offenbarung 21,23), und wir werden immer bei ihm sein. Außerdem wird es dort keine Nacht mehr geben: man wird weder Kerzen noch das Sonnenlicht brauchen.

Liebe Kinder, denkt einmal über dieses kleine, arme, blinde Mädchen nach. Denkt daran, wie viel Freude es ihr bereitete, über Jesus Christus zu sprechen. Denkt daran, wie sie der Bericht über den Himmel erfreute, wo es weder Leid noch Nacht geben wird.

Ich habe sie seitdem nie wieder gesehen. Sie ging in ihr Zuhause nach London und ich weiß nicht, ob sie noch lebt. Ich hoffe es aber, und habe keine Zweifel daran, dass Jesus Christus gut auf sie achtgegeben hat.

Liebe Kinder, seid ihr genauso glücklich und froh wie sie?

Ihr seid nicht blind: Ihr habt Augen, könnt herumrennen, alles sehen, hingehen, wohin ihr möchtet und lesen, soviel ihr wollt. Aber seid ihr genauso glücklich wie dieses arme, kleine Mädchen?

Wenn ihr in dieser Welt glücklich sein wollt, denkt an meinen heutigen Rat, den auch das kleine, blinde Mädchen beherzigte: „Liebt Jesus Christus, so wird er euch lieben, sucht ihn früh und ihr werdet ihn finden."

5

Kleine Dinge

Einführung

Liebe Kinder, habt ihr jemals das Nest eines Vogels gesehen? Habt ihr es jemals genau betrachtet? Habt ihr wahrgenommen, wie weise und ausgeklügelt es gemacht wurde? Es gibt nur wenige Dinge, die so schön und gut erdacht wurden wie ein Vogelnest.

Millionen Nester werden jedes Jahr von den alten Vögeln gebaut. Millionen von Jungvögeln schlüpfen darin und werden dort aufgezogen. Schon bald würde es keine Drosseln, Lerchen und Nachtigallen mehr geben, wenn es keine Nester gäbe.

Das schönste Vogelnest, das ich jemals gesehen habe, bestand aus Holz und Steinen und nicht aus Zweigen und Moos. Dieses Nest wurde nicht durch die Schnäbel und Krallen der Vögel erbaut, sondern durch die Hände der Menschen. Kinder, was denkt ihr, um welches Nest es sich hierbei handelte? Ich bin sicher, ihr werdet es nie erraten, also sage ich es euch.

Dieses wunderschöne Vogelnest ist ein großes Haus in Irland, an einem Ort namens Kingstown. Es wurde von gütigen Menschen erbaut, um Jungen und Mädchen aufzunehmen, die allein auf der Welt sind. Wenn die Kinder in dieses Haus aufgenommen werden, werden sie gewaschen, bekleidet, gefüttert und unterrichtet, bis sie alt genug sind, ihr Leben eigenständig zu führen. Kinder, denkt ihr nicht, dass „Vogelnest" ein sehr passender Name für dieses Haus ist?

Nun, um dieses „Vogelnest" in Ordnung zu halten, ist eine Menge Geld erforderlich. Die Kleidung, welche die einsamen Jungen und Mädchen tragen, kostet Geld; die tägliche Speise kostet Geld; die Lehrer, die sie täglich unterrichten, müssen für ihre Arbeit bezahlt werden; das Personal, das für Sauberkeit sorgt, muss seinen Lohn erhalten und das Haus selbst muss instand gehalten werden. Das alles kostet eine Menge Geld. Kinder, soll ich euch erzählen, wo ein Teil dieses Geldes herkommt?

Manches von diesem Geld wird von kleinen Jungen und Mädchen in Dublin gesammelt, die ihre Freunde um Hilfe bitten. Stellt euch vor, was für eine schöne Aufgabe das ist! Wie viel besser ist es doch, Geld für das „Vogelnest" zu sammeln, anstatt es für Bonbons, Kuchen und Spielzeug zu verschwenden!

Kinder, als ich drüben in Dublin war, sah ich, wie sich diese kleinen Geldsammler für das „Vogelnest" versammelten. Es war ein sehr erfreulicher Anblick, so viele kleine Freunde der Freundlosen und so viele Helfer der Hilflosen zu sehen. Ich sprach ihnen in ermutigender Weise zu und spornte sie an. Einen Teil dieser Rede habt ihr nun vor euch. Ich hoffe, er dient euch zum Guten.

Ein Gespräch mit Kindern

Meine lieben Kinder, ich wurde darum gebeten, zu den Jungen und Mädchen zu sprechen, die Geld für das „Vogelnest“ in Kingstown sammeln. Zuallererst sollt ihr wissen, dass mir das sehr schwerfällt. Ihr müsst mir helfen. Wie ihr das tun könnt? Indem ihr so ruhig und aufmerksam wie möglich seid, so still wie möglich dasitzt und eure Augen weit öffnet.

Kinder, ich will euch sagen, was wir zuallererst für die Jungen und Mädchen im „Vogelnest“ tun wollen. Unsere größte Aufgabe besteht darin, ihnen zu helfen, in den Himmel zu kommen. Wir möchten, dass ihre Seele durch den Glauben an Jesus Christus errettet wird. Wir möchten, dass sie mit dem Blut Jesu reingewaschen, in sein Gewand der Gerechtigkeit gekleidet und Teilhaber seiner Gnade werden. Wir möchten, dass sie in Heiligkeit aufwachsen und zu betenden, bibellesenden und gottesfürchtigen Männern und Frauen werden.

Manche Leute könnten jedoch fragen: „Was haben Jungen und Mädchen mit diesem ‚Vogelnest‘ zu schaffen? Warum überlässt man die finanzielle Unterstützung nicht einfach den Erwachsenen? Sie können das doch viel besser. Kinder sollten damit nichts tun haben.“

Ja warum, liebe Kinder? Weil sich auf dieser Welt niemand der Arbeit für den Herrn Jesus Christus und den Seelen der Menschen mehr verbunden fühlt als die Kinder. Wisst ihr, was Kindern in heidnischen Ländern widerfährt? Hier in diesem unbeschwerten, christlichen Land herrscht große Freude, wenn ein Junge oder ein Mädchen geboren wird. Im Gegensatz dazu geschieht es in heidnischen Ländern häufig, dass ein kleines

Kind getötet, lebendig begraben, erwürgt oder dem Hungertod preisgegeben wird. Ist das nicht entsetzlich? Aber diese armen Heiden wissen es nicht besser.

Ihr habt von den Südseeinseln gehört. Schaut euch mal eine Weltkarte an. Diese kleinen, schwarzen Punkte links von Südamerika, das sind die Südseeinseln. Nun, diese Inseln waren bis vor ein paar Jahren noch voller Götzendiener. Die armen Menschen dort verbeugten sich vor Baumstümpfen und Steinen und wussten nichts über den Herrn Jesus Christus. Gutherzige Missionare gingen zu ihnen und erzählten ihnen von Jesus Christus und seinem Erlösungswerk. Gott segnete ihre Arbeit und viele der armen Heiden bekehrten sich, und nun sind viele dieser heidnischen Inseln zu christlichen Ländern geworden. Nachdem sie bekehrt worden waren, sagten viele Leute: „Wir wünschten, wir hätten diese Dinge schon früher gehört! Wenn ihr uns schon vor langer Zeit darüber berichtet hättet, hätten wir die bösen Dinge, die wir getan haben, nicht getan.“ Auf einer dieser Inseln geschah es, dass eine Frau nach einer Missionsveranstaltung aufstand und sagte: „O mein Herr, wenn ich diese Dinge schon früher gewusst hätte! Ich hatte neunzehn kleine Kinder und habe jedes einzelne von ihnen ermordet. Da ich nichts von der Bibel wusste, habe ich mich nicht um meine lieben kleinen Kinder gekümmert. Oh, hätte ich doch nur schon lange vorher von Jesus Christus, der Heiligen Schrift und dem Weg in den Himmel erfahren!“ Ich sage immer, dass Frauen, Kinder und die Armen mehr für das Evangelium tun sollten als sonst jemand auf dieser Welt. Sie werden dadurch so reich gesegnet.

Aber nun zu der Frage: Was könnt ihr tun? Viele Leute werden sagen: „Nun, was können diese kleinen Jungen und Mädchen schon ausrichten? Was nützt eine so geringe Unterstützung, wie sie für das ‚Vogelnest' aufbringen können?" O meine lieben Kinder, wer weiß schon etwas darüber, was die Kleinen bewirken können? Die Kraft des Geringen ist erstaunlich! Niemand weiß, was erreicht werden kann durch ein wenig und noch ein wenig und noch ein wenig. Habt ihr jemals über Noahs Arche nachgedacht? Habt ihr euch jemals Gedanken darüber gemacht, wie riesig sie gewesen sein muss? Stellt euch nur mal vor, dass Noah ein Schiff bauen musste, das groß genug war für alle Tiere und Vögel. Was denkt ihr, wie die Arche entstand? Sie wurde nicht auf einmal gebaut. Oh nein! Es geschah Planke für Planke und Stück für Stück, in kleinen Schritten. Vielleicht hättet ihr gesagt, wenn ihr Noah bei seiner Arbeit beobachtet hättet: „Was bringt denn dieses kleine, winzige Stückchen?", oder „Was nützt denn diese einzelne Planke?" Kinder, so entsteht nach und nach schlussendlich etwas Großes. Wir wollen also so viele Kleinigkeiten für das „Vogelnest" tun, wie wir können; zusammengenommen werden sie all das bewirken, was wir anstreben.

Gott sagt in der Bibel: *„Wer ist, der diese geringen Tage verachte"* (Sacharja 4,10)? Auch unser Herr Jesus hat von den kleinen Dingen gesprochen: *„Wer im Geringsten treu ist, der ist auch im Großen treu; und wer im Geringsten unrecht ist, der ist auch im Großen unrecht"* (Lukas 16,10). Ein wahrer Christ muss in den kleinen Dingen ebenso treu sein wie in den großen.

Lasst mich euch von einem Mann erzählen, der kleine Dinge wertzuschätzen wusste. Dieser Mann wurde zu einem der wichtigsten Leute in Paris. Ihr wisst ja, dass Paris die Hauptstadt von

Frankreich ist. Dieser Mann kam also nach Paris, als er noch ein Junge war, ein kleiner Junge, nicht größer als viele von euch. Als er dort ankam, wollte er jemanden finden, der ihm Arbeit gab. Der arme, kleine Kerl fragte einen nach dem anderen, ob sie Arbeit für ihn hätten. Er war sehr entmutigt und war es fast leid, ständig zu fragen: „Bitte, mein Herr, haben Sie nicht Arbeit für mich?“, nur um zur Antwort zu bekommen: „Nein, ich habe keine Arbeit für dich, was kannst du kleiner Bursche schon tun?“ Schließlich kam er eines Tages in das Haus eines Bankiers. Im Büro standen viele Leute herum, also ging er auf einen von ihnen zu und frage: „Bitte, mein Herr, haben Sie nicht Arbeit für mich?“ „Nein, habe ich nicht!“, war die Antwort. Als er wieder fortgehen wollte und auf dem Weg zur Tür war, sah er eine Stecknadel auf dem Boden liegen. Er beugte sich hinunter, hob sie auf und steckte sie in seine Jackentasche. Der Bankier beobachtete ihn dabei und rief ihn zurück. „Junge“, sagte er, „warum hast du die Stecknadel aufgehoben? Ich will sie nicht haben, sie hat keinen Wert für mich, aber ich möchte wissen, weshalb du sie aufgehoben hast.“ „Nun, mein Herr“, antwortete der Junge, „ich will es Ihnen sagen. Meine Mutter brachte mir bei, auch mit kleinen Dingen nie verschwenderisch umzugehen, sondern auf sie achtzugeben! Sie sprach zu mir: ‚Mein Sohn, wenn du auf die kleinen Dinge wie zum Beispiel eine Stecknadel achtest, wirst du dafür immer Verwendung finden.‘ Ich halte mich immer an das, was meine Mutter mich gelehrt hat. Ich liebe meine Mutter und ich achte immer auf die kleinen Dinge.“ Diese Worte beeindruckten den Bankier so sehr, dass er sagte: „Mein Junge, komm morgen früh bei mir vorbei.“ Das tat er, und der Bankier gab ihm eine Stelle in der Bank. Es zeigte sich, dass er so zuverlässig und gewissenhaft war, dass er schon bald befördert wurde. Im Laufe der Zeit wurde er der wichtigste Teilhaber in der Firma, und als er starb, war er der reichste Mann von ganz Paris. Sein Name war Laffitte[2].

Liebe Kinder, seht ihr, welche großen Dinge geschehen können, wenn man eine kleine Stecknadel aufhebt. Es zeugte von Charakter. Es zeigte, wie der Junge war. Er war jemand, der auch den kleinen Dingen Beachtung schenkte und seinen ganzen Erfolg im späteren Leben führte er auf diesen kleinen Umstand zurück. Kleine Dinge sollten nie verachtet werden. Ich selbst bringe meinen eigenen Jungen immer bei, niemals gering von den alltäglichen Dingen zu denken. Oh, wie wichtig sind doch die kleinen Gewohnheiten! Die Gewohnheit zu lesen und zu beten, Gewohnheiten beim Essen, die kleinen Gewohnheiten den ganzen Tag über – all dies sind zwar nur Kleinigkeiten. Aber sie formen den Charakter und sind von äußerster Wichtigkeit. Also, liebe Kinder: Lasst euch von den Leuten nicht einreden, kleine Helfer wie ihr seien zu nichts nütze. Wenn ihr auf die kleinen Dinge achtgebt, könnt ihr viel für das „Vogelnest" tun.

Aber was genau könnt ihr tun?

1. Nehmt großen Anteil an dem ganzen Anliegen. Diesen Jungen und Mädchen wird beigebracht, sauber zu sein, zu arbeiten, sich gut zu benehmen, die Bibel zu lesen und sie werden

---

2 Jacques Laffitte (1767–1844), eines von zehn Kindern eines Zimmermanns, später Bankier und Politiker.

den Weg gelehrt, der in den Himmel führt. Welch großartige Aufgabe! Welche Ehre, hierbei helfen zu können!

Ich kenne einen Geistlichen, der einst auf dem Weg zu einer Missionsveranstaltung war, als er einen Jungen traf, der es sehr eilig hatte. Also hielt er ihn an und fragte: „Mein Junge, weshalb diese Eile? Was ist denn los?“ „Oh mein Herr“, antwortete der Junge, „ich gehe zu einer Missionsveranstaltung und darf keine Minute verlieren, da ich spät dran bin.“ „Aber warum hetzt du deswegen so? Du bist doch nicht verpflichtet, dort pünktlich zu erscheinen.“ „Oh“, sagte der Junge, „es ist auch mein Anliegen.“ „Wie das?“, fragte der Geistliche. „Nun, mein Herr, ich unterstütze diese Sache und habe selbst Anteil daran.“ Mit diesen Worten rannte er davon zu der Versammlung, und der Geistliche folgte ihm. Der Bericht wurde verlesen, und der Herr, der dies tat, trug vor, dass die Gesamtsumme des eingesammelten Geldes so und so viele Pfund, Schilling und *einen Penny* betrug. „Oh“, sagte der Junge, „da ist ja mein Penny!“ Weil er einen Penny gespendet hatte, hatte er das Gefühl, dass er Anteil daran hatte.

2. Betet ohne Unterlass für das „Vogelnest“. Wer Gottes Segen empfangen will, muss darum bitten. Es ist von größter Wichtigkeit, dass alle Kinder bei jedem neuen Werk, das sie beginnen, um den Segen Gottes bitten. Einer unserer Missionare kam aus Indien zurück und erzählte uns, dass er an einem Abend nach Hause gegangen war und dabei an einigen Bäumen vorbeikam und Stimmen hörte. Er hörte genauer hin und hörte zu seiner großen Freude, dass hier Kinder beteten. Diese heidnischen Kinder beteten um den Segen für die Mission. Er hörte, wie ein

Kind betete: „Oh Herr, ich bitte dich: Mach die Ohren meiner Großmutter länger." Ich frage mich, ob irgendjemand von euch hier erraten kann, was mit diesem Gebet wohl gemeint war. Ich will es euch sagen. Der Junge meinte damit, dass seine Großmutter eine Heidin war und ihr Herz war unverändert. Sie hörte nicht auf das, was ihr über Christus berichtet wurde, oder sie beachtete nicht, was sie hörte. Also betete ihr kleiner Enkel, dass sie längere Ohren bekäme, um mehr auf das zu achten, was der Missionar sagte! Liebe Kinder, könnt ihr nicht beten, dass Gott die Ohren der Menschen ein gutes Stück länger machen möge? Die Leute erfahren vom „Vogelnest". Ihr erzählt ihnen vom „Vogelnest". Ihr bittet sie, euch zu helfen, indem sie für das „Vogelnest" spenden. Doch manchmal ist alles Reden vergeblich. Ihre Ohren sind so kurz, dass sie nicht zuhören oder nicht verstehen, was ihr meint. Könnt ihr nicht beten, dass die Herzen dieser Menschen angerührt werden, damit mehr Beiträge eingehen, mehr aktive Helfer gewonnen werden und Gottes Werk zügiger voranschreiten möge?

3. Eines will ich euch noch sagen. Ich flehe euch an: Unterstützt dieses Anliegen, indem ihr zu Hause einen missionarischen Sinn an den Tag legt. Ich möchte von keinem Kind, das das Vogelnest unterstützt, hören, dass es keine liebevolle, freundliche Gesinnung gegenüber seinem Vater, seiner Mutter, seinen Geschwistern und den Angestellten an den Tag legt. Meine lieben Kinder, jeder von euch sollte zu Hause ein Missionar sein. Bemüht euch, zu Hause gute Christen zu sein. Versucht, zu Hause ein Aushängeschild für die Lehre Jesu Christi zu sein. Strebt danach, dem Herrn Jesus Christus gleich zu sein. Behaltet seine Worte in eurem Gedächtnis. Auch in euren Familien sollt ihr ihm nachfolgen und euch euren Eltern und allen anderen gegenüber dementsprechend verhalten.

Ich denke oft an ein Gebot, über das eine bedeutende Persönlichkeit einst etwas Merkwürdiges sagte. In diesem Lande gab es – bevor ihr oder ich oder sonst jemand, der jetzt lebt, geboren wurde – einen wichtigen Mann, den Erzbischof Usher[3]: Ein heiliger, frommer, christlicher Erzbischof. Dieser Erzbischof beschloss eines Tages, einem sehr heiligen schottischen Pfarrer namens Rutherford einen Besuch abzustatten. Er wollte sein Privatleben sehen und wie er sich im Kreise seiner Familie benahm. Also machte er sich auf den Weg. Um unerkannt zu bleiben, war er wie ein gewöhnlicher Arbeiter gekleidet. Er klopfte an die Tür und bat unauffällig um eine Herberge für die Nacht. Mr. Rutherford war ein frommer, freundlicher Mann, der die Angewohnheit hatte, Fremde in seinem Haus zu empfangen. Also öffnete man die Tür und gewährte Usher eine Unterkunft für die Nacht. Für das Abendessen schickte man ihn in die Küche. Mrs. Rutherford hatte es sich zur Regel gemacht, die Angestellten jeden Abend im Katechismus zu unterrichten. Nach dem Abendessen pflegte sie auch den anwesenden Fremden Fragen zu stellen und mit ihnen über ihr Seelenheil zu sprechen. Als sie zum Erzbischof kam, fragte sie: „Sagt mir, guter Mann, wie viele Gebote gibt es?“ „Oh“, antwortete er, „es gibt elf, gnädige Frau.“ Als er „elf“ sagte, rief Mrs. Rutherford

---

3 James Usher (1581–1656), anglikanischer Geistlicher, Erzbischof von Armagh und Primas von Irland. Usher ist bekannt für sein Werk *Annals of the World,* in dem er die Geschichte der Welt mit den biblischen Zeitangaben in Beziehung setzt. Darin datiert er den Schöpfungsakt auf 4004 v. Chr.

aus: „Ach! Was für ein ungebildeter Mann Sie doch sind! Haben Sie nie eine Schule besucht? Hat Sie nie jemand gelehrt, wie viele Gebote es gibt?“ Dann erzählte sie ihm, wie Mose die zehn Gebote niedergeschrieben hatte und dass sie im Buch Exodus eindeutig aufgelistet seien (2.Mose 20,2–17). „Wie kommt es“, fragte sie, „dass Sie so ungebildet sind?“ Usher hielt seinen Kopf gesenkt und schwieg eine Weile. Als sie mit ihren Fragen fertig war, sagte er sehr leise: „Im Evangelium gibt es einen Vers, der da lautet: *„Ein neues Gebot gebe ich euch, dass ihr euch untereinander liebet“* (Johannes 13,34). Ich denke, dass ein Gebot, welches uns der Herr Jesus gegeben hat, genauso beachtet werden sollte wie die Gebote Mose – und eins plus zehn gibt elf.“ Sie fanden bald heraus, dass er der große Erzbischof Usher war, und ihr könnt euch vorstellen, wie sich Mrs. Rutherford gefühlt haben muss, als sie es herausfand!

Nun hoffe ich, meine lieben Kinder, dass ihr das neue Gebot, das uns unser Herr Jesus Christus gegeben hat, niemals vergesst. Ihr sollt liebevoll gesinnt sein. Ihr sollt gewillt sein, euren eigenen Weg aufzugeben, freundlich zu sein und sich zu beherrschen. Das ist Liebe. Das ist gelebter Glaube. Auf diese Weise zeigt ihr den Glauben auch zu Hause. Wenn ihr um Geld bittet, damit die armen Kinder in Gottes Geboten unterrichtet werden können, sollt ihr ebenfalls versuchen, diese Gebote zu halten.

Zu guter Letzt: Bemüht euch, alle Gebote Gottes in Ehren zu halten – sowohl im Geist als auch wortwörtlich. In London gibt es einen Ort namens Soho Bazaar, an dem alle möglichen Sachen verkauft werden. Eine Dame nahm eines Tages eines ihrer Kinder, ein kleines Mädchen, mit dorthin. Dem kleinen

Mädchen gefiel etwas, was es sah, so sehr, dass es versucht wurde, etwas zu tun, was es nicht tun sollte. Sie fiel in Versuchung. Ich fürchte, sie hatte nicht wirklich gebetet, als sie ihre Gebete am Morgen gesprochen hatte. Auf dem Basar sah sie so manches Ding, das so schön anzuschauen war, dass ihr Verlangen danach überhandnahm. Als sie an einem der Stände vorbeikam und ihre Mutter beschäftigt war, glaubte sie sich unbeobachtet, ergriff ein Spielzeug und ließ es in ihrer Tasche verschwinden. Doch, oh Schreck, wie schwer sich die Tasche auf einmal anfühlte! Sie hörte ihr Gewissen sprechen! Wie elend sie sich fühlte. Wenn sie dieses Spielzeug nur nicht mitgenommen hätte! Auf dem Rückweg blieb ihre Mutter stehen, um mit der Inhaberin dieses Standes zu sprechen, und das kleine Mädchen holte das Spielzeug aus seiner Tasche hervor und legte es zurück, ohne von jemandem dabei beobachtet zu werden. Sie ging nach Hause und sprach am Abend ihre Gebete. Sie schien unglücklich zu sein. Sie dachte daran, was sie auf dem Basar getan hatte. Ihre Mutter fragte: „Mein liebes Kind, was ist los? Erzähl es mir." Und weil ihre Mutter zu ihr in solch einem freundlichen, liebevollen Ton sprach, schmolz ihr Herz und sie antwortete: „Oh Mutter, heute war ich so unglücklich. Ich habe ein Gebot nicht ganz gebrochen. Aber, oh Mutter, ich habe ein Gebot *angeknackst*." Und dann erzählte sie die ganze Geschichte. Oh liebe Kinder, passt auf und *knackst* keines der Gebote an!

Das neue Gebot, von dem ich euch erzählt habe, steht in Johannes 13,34: *„Liebt einander."* Denkt daran. Wenn ihr dem gesegneten „Vogelnest" helfen wollt, so vergesst das neue Gebot nicht: *„Liebt einander."* Jeder von euch ist in der Lage, das zu verstehen. Die Bibel sagt: *„Auch einen Knaben kennt man an seinem Wesen“* (Sprüche 20,11). Wir merken schnell, wenn ein kleines Kind versucht, das Gebot Christi zu halten. Haltet es voll und ganz: Lasst nicht zu, dass es angeknackst oder angekratzt wird. Möge Gott uns allen helfen, es zu halten, mit einem neuen Herzen und einem lebendigen Glauben an Christus! Wenn wir dann vor dem Richterstuhl Christi stehen, wird er sagen: *„Recht so, du guter und treuer Knecht … geh ein zur Freude deines Herrn!“* (Matthäus 25,21 SLT).

6

Den Herrn früh suchen

„Ich liebe, die mich lieben, und die mich frühe suchen, finden mich." (Sprüche 8,17)

Liebe Kinder, ich will mit euch über Jesus Christus und über eure Seelen sprechen.

Ich möchte euch glücklich machen. Aber ich weiß, dass ein Mensch niemals wirklich glücklich ist, wenn seine Seele nicht glücklich ist; und ich bin überzeugt, dass eine Menschenseele nicht glücklich sein kann, es sei denn, sie liebt Jesus Christus.

Aus diesem Grund will ich nun zu euch predigen: Ich will euch etwas über Jesus Christus und über eure Seele erzählen.

Liebe Kinder, ich hoffe, ihr passt alle gut auf, während ich zu euch spreche. Ich bete, dass der Geist Gottes in euer Herz kommen und euch dazu befähigen möge. Bemüht euch, mir gut zuzuhören und zu verstehen, was ich sage, versucht, euch daran zu erinnern und etwas mitzunehmen. Ich wünsche mir, für euch alle viel Gutes zu bewirken. Vergesst nicht, dass ich zu *euch* predige – nicht zu den Erwachsenen, sondern zu euch, ausschließlich zu euch.

Denkt mal darüber nach, welch erfreulichen Vers wir hier

haben: *„Ich liebe, die mich lieben, und die mich frühe suchen, finden mich.“*

Dies sind in der Tat süße Worte und wer, denkt ihr, spricht sie? Der Herr Jesus Christus, Gottes Sohn, der Retter der Welt. In diesem Kapitel wird er „Weisheit“ genannt. Aber wir wissen, dass damit Jesus Christus gemeint ist, weil in diesem Kapitel Dinge über die Weisheit gesagt werden, die wirklich auf niemanden sonst zutreffen, nur auf Jesus Christus selbst.

Nun kommt und seht, was Jesus Christus sagt, hört gut zu, liebe Kinder, denn das ist sehr wichtig.

Jesus liebt diejenigen, die ihn lieben

Er sagt uns: *„Ich liebe, die mich lieben.“* Wie ist das zu verstehen?

Zunächst einmal: Findet ihr es nicht sehr erfreulich zu hören, dass es Menschen gibt, die Jesus Christus liebt? Wir alle streben danach, in dieser Welt geliebt zu werden: Denkt nur daran, wie unangenehm es für mich und für euch wäre, wenn es niemanden gäbe, der uns liebt. Angenommen, kein Mensch würde sich um uns kümmern; angenommen, niemand würde uns Beachtung schenken und wir wären uns selbst überlassen, was dann? Wir wären elend, erbärmlich und unglücklich! Ich bin sicher: Wir alle wollen geliebt werden.

Nun stellt euch einmal vor, wie segensreich es da sein muss, von Jesus Christus geliebt zu werden – dem Sohn Gottes selbst.

Auf dieser Welt werden wir manchmal von Menschen geliebt, die dennoch nichts für uns tun können. Eure wertvollen Väter und Mütter lieben euch, aber vielleicht sind sie arm und können euch nicht das kaufen, was ihr gerne hättet. Oder vielleicht sind sie krank und sehr alt und können nichts tun, um euch zu helfen.

Aber, liebe Kinder, diese Dinge treffen auf Jesus Christus nicht zu. Ich will euch sagen, warum.

Jesus Christus ist *sehr mächtig*: Er ist der König der Könige und Herr der Herren. Er ist der Schöpfer aller Dinge. Er ist Gott selbst. Er ist allmächtig: Er kann tun, was immer ihm beliebt. Wie wunderbar muss es da sein, von Jesus Christus geliebt zu werden!

Jesus Christus ist *sehr reich*. Er vermag es, all eure Bedürfnisse zu stillen, sowohl die seelischen als auch die körperlichen. Er bewahrt die Schlüssel des Himmels. Er hält unzählige Segnungen bereit, weit mehr, als ich beschreiben könnte. Wie wunderbar muss es da sein, von Jesus Christus geliebt zu werden.

Jesus Christus ist *sehr gütig*. Niemals weist er jemanden ab, der ihn aufrichtig um einen Gefallen bittet. Niemals hat man von ihm gehört, dass er auf das Gebet eines Demütigen und Bescheidenen mit „nein" geantwortet hätte. Wie wunderbar muss es da sein, von Jesus Christus geliebt zu werden!

Liebe Kinder, denkt über diese Dinge nach. Wollt ihr einen mächtigen Freund haben? Wollt ihr einen reichen Freund haben? Wollt ihr einen gütigen Freund haben? Wenn ihr solch einen Freund haben wollt, dann seid versichert, dass es auf der ganzen Welt keinen Freund wie Jesus Christus gibt.

Gesegnet und glückselig sind die, die Jesus Christus liebt. Ich könnte euch nicht einmal ein Zehntel von all den großartigen Dingen aufzählen, die er für ihre Seele tut.

Er vergibt ihnen all ihre Sünden. Er vergibt all die schlechten Taten, die sie verüben. Er wäscht sie rein mit seinem Blut, so dass sie weißer werden als Schnee und kein einziger Fleck zurückbleibt. Liebe Kinder, ich denke, das ist das, was wir alle wollen. Wir haben so viele, viele Sünden begangen.

Zudem verleiht er ihnen die Kraft, gut zu werden. Er gibt seinen Geist in ihr Herz und macht, dass sie die Wege Gottes lieben und gerne darin wandeln. Liebe Kinder, auch das ist etwas, was wir alle wollen. Unser Herz ist von Natur aus sehr böse und sündhaft. Aus uns selbst heraus lieben wir die Wege Gottes niemals.

Auch gibt er darauf acht, dass keiner von denen, die er liebt, verlorengeht. Er hütet sie wie ein Hirte seine Schafe. Er wird nicht zulassen, dass böse Menschen oder der Teufel ihre Seele verderben. Liebe Kinder, auch das ist etwas, was wir alle wollen. Wir sind allesamt sehr schwache, törichte Geschöpfe. Auf uns alleingestellt, sind wir niemals sicher.

Zu guter Letzt: Für die, die ihn lieben, bereitet er eine Stätte im Himmel vor. Dort erwartet sie ein prachtvolles Haus, weitab von Sünde, Leid und Sorge. Liebe Kinder, auch das sind gute Nachrichten für uns. Ist es nicht ein wohltuender Gedanke, dass er uns eine Heimat bereitet, so dass wir, wann auch immer wir diese Welt verlassen, an einen Ort des Friedens und der Ruhe gelangen?

Dies alles tut der Herr Jesus für die, die er liebt. Betrachtet all diese Dinge einmal – wie gewaltig und herrlich sie doch sind! Er reinigt sie von all ihrer Sünde. Er befähigt sie dazu, gut zu sein. Er sorgt dafür, dass sie nicht verlorengehen. Er bereitet für sie ein Haus im Himmel vor.

Liebe Kinder, das ist wahre Liebe. Diese Liebe ist sehr erstrebenswert. Habe ich nicht Recht gehabt, dass es auf der ganzen Welt nichts gibt, was mit der Liebe Christi zu vergleichen wäre, dass nichts damit verglichen werden kann, von Jesus Christus geliebt zu werden?

Woher wissen wir, ob wir Jesus lieben?

Lasst uns nun sehen, wer diejenigen sind, die Jesus Christus liebt. Auch das sagt er uns in unserem Text. Er spricht: *„Ich liebe, die mich lieben.“* Woher sollen wir nun wissen, ob wir Jesus Christus lieben oder nicht? Dies ist wirklich eine wichtige Frage. „Gibt es denn keine Zeichen oder Hinweise“, werdet ihr vielleicht fragen, „woran man diejenigen erkennen kann, die ihn lieben?“ Ja, liebe Kinder, ich denke, die gibt es, und ich werde nun versuchen, euch zu zeigen, welche Zeichen und Hinweise das sind.

Bedenkt erstens: Diejenigen, die Jesus Christus lieben, glauben alles, was er in der Bibel sagt.

Die Bibel sagt, dass wir alle Sünder sind – verlorene, verdorbene Sünder, voller Bosheit und Falschheit, die nichts verdient haben als nur Gottes Zorn. Viele Leute können das gar nicht glauben: Sie können sich nicht vorstellen, dass sie so böse sind, und der Hinweis auf diese Tatsache missfällt ihnen sehr. Nicht so die, die Jesus Christus lieben: Sie glauben dies alles und bezeugen bereitwillig: „Dies ist wahr, wahr, vollkommen wahr.“

Außerdem sagt uns die Bibel, dass wir zu Christus kommen und unser Vertrauen auf ihn allein setzen müssen, wenn wir gerettet werden wollen. Sie sagt, dass nichts als nur sein Blut uns von unserer Sünde reinwaschen kann, dass einem nur um seinetwillen vergeben werden kann. Auch dies glauben viele Leute nicht. Sie können sich nicht vorstellen, dass ihre eigene Tugend nicht ausreichen könnte, um sie ihn den Himmel zu bringen. Aber wer Jesus Christus liebt, glaubt dies alles. Er nimmt den Herrn bei seinem Wort, vertraut nicht länger auf seine eigene Gerechtigkeit und gibt bereitwillig zu: „Niemand als nur Christus allein, niemand als nur Christus allein ist meine Hoffnung."

Liebe Kinder, wer nicht glaubt, was Jesus Christus sagt, der kann ihn nicht lieben. Denkt mal darüber nach, wie traurig es doch wäre, wenn ihr und ich unsere Verwandten nicht dazu bringen könnten, uns zu glauben. Stellt euch nur mal vor, wie hart und unfreundlich es doch erschiene, wenn sie zu uns sagten: „Wir verlassen uns überhaupt nicht auf das, was du uns erzählst, wir können deinen Worten keinen Glauben schenken." Ich bin sicher, dass wir in diesem Fall annehmen können, dass sie uns nicht mehr lieben. Dies also ist ein Kennzeichen derjenigen, die Jesus Christus lieben: Sie zweifeln niemals an dem, was er ihnen sagt, sie glauben jedes Wort.

Vergesst zweitens nicht, dass diejenigen, die Jesus Christus lieben, ihm zu gefallen suchen. Ihr wisst: Wenn ihr Menschen auf dieser Welt liebt, wollt ihr ihnen gefallen. Ihr versucht, das zu tun, worum sie euch bitten, euch so zu verhalten, wie sie es von euch wünschen, euch daran zu erinnern, was sie euch gelehrt haben und zu beherzigen, was sie euch sagen – und warum tut ihr dies alles? Weil ihr sie liebt.

Zudem versucht ihr, ihnen nicht nur dann zu gefallen, wenn

sie euch sehen können, sondern auch, wenn sie abwesend und außer Sichtweite sind. Wahre Liebe ist es, die euch unablässig fragen lässt: „Was hätten meine lieben Freunde gerne, dass ich tue?“ Wenn euer Vater und eure Mutter euch dabei erwischen würden, dass ihr unanständige Dinge tut, die sie verboten haben, würden sie dann nicht sagen: „Kind, Kind, ich fürchte, du liebst mich nicht wirklich?“ Ja, das ist sehr gut möglich. Wahre Liebe wird immer wahren Gehorsam hervorbringen und die Bibel sagt: *„Auch einen Knaben kennt man an seinem Wesen“* (Sprüche 20,11).

Nun, liebe Kinder, so wie ihr versucht, euren Freunden zu gefallen, wenn ihr sie liebt, so verhalten sich auch die, die Jesus Christus gefallen wollen. Sie bemühen sich unablässig, seinen Willen zu tun, seine Gesetze zu befolgen, nach seinen Geboten zu leben und seine Vorschriften einzuhalten. Sie halten keines von Christi Geboten für schwer, sie sagen niemals, dass seine Gesetze anstrengend, streng und lästig wären. Es ist ihnen eine Freude, auf seinen Wegen zu wandeln.

Liebe Kinder, niemand – kein Mann, keine Frau und kein Kind – kann Jesus Christus wirklich lieben, wenn er nicht versucht, ihm zu gehorchen. *„Ihr seid meine Freunde“*, spricht er, *„so ihr tut, was ich euch gebiete“* (Johannes 15,14). Dies also ist ein weiteres sicheres Kennzeichen derer, die Jesus Christus lieben – sie versuchen, ihm in allen Dingen zu gefallen.

Nun haben wir uns mit dem einen Teil unseres Verses beschäftigt. Denkt einen Moment lang in Ruhe über das nach, was ihr gehört habt. Jeder von euch möge seinem eigenen Herzen diese kleine Frage stellen: „Liebe ich Jesus Christus oder nicht? Glaube ich, was er sagt und versuche ich, ihm zu gefallen?“ Diejenigen, die mit „ja“ antworten können, sind die Kinder, die er besonders liebt. Oh, bedenkt, was er sagt: *„Ich liebe, die mich lieben.“*

Jesus suchen

Aber lasst uns als Nächstes den anderen Teil unseres Verses betrachten und sehen, was wir daraus lernen können. Ich denke, dieser Teil ist fast genauso erfreulich wie der erste, enthält er doch eine süße Verheißung: *„Die mich frühe suchen, finden mich.“*

Liebe Kinder, wie können wir Jesus Christus suchen? Er lebt nicht auf dieser Erde wie unsereins, wir können ihn nicht mit unseren Augen sehen und unsere Händen nach ihm ausstrecken und ihn berühren, und dennoch spricht er: *„Die mich suchen, finden mich.“* Was kann das bedeuten? Ich will es euch erklären.

Zuallererst müsst ihr Jesus Christus in seinem Buch suchen. Die Bibel ist das Buch Jesu Christi, und alle, die ihn kennenlernen wollen, müssen die Bibel sehr gewissenhaft lesen. Zu jedem Einzelnen von euch spricht er: *„Suchet in der Schrift“* (Johannes 5,39), und er wird denen den Heiligen Geist geben, die ihn in der Schrift suchen und ihnen alles über sich offenbaren.

Liebe Kinder, lest euer ganzes Leben lang regelmäßig in der Bibel. *„Lasset das Wort Christi unter euch reichlich wohnen“* (Kolosser 3,16), dann werdet ihr wahrlich weise. Lest täglich, lest viel, versucht es zu behalten, lernt Bibelverse auswendig. Ich erinnere mich an ein kleines Mädchen in meiner ersten Gemeinde, das siebzig Bibelverse pro Woche auswendig lernen konnte. Wie schön ist es, dass der Apostel Paulus Timotheus daran erinnert, dass er die Heilige Schrift von Kindesbeinen an kennt (2.Timotheus 3,15). Warum solltet ihr in dieser Hinsicht nicht alle wie Timotheus sein? Ich würde gerne hören, dass ihr alle bibellesende Kinder seid – Kinder, die die Bibel auch zu Hause lesen, nicht nur in der Schule.

Dies ist also der erste Weg, um Jesus Christus zu suchen. Ihr müsst ihn in der Bibel suchen.

Zweitens müsst ihr Jesus Christus in seinem Haus suchen. Er hat viele Häuser in diesem Land, in denen sich die Menschen treffen, um zu ihm zu beten und von ihm zu hören. Diese Kirche ist eines davon, und wo zwei oder drei im Namen Jesu Christi versammelt sind, da ist der Herr selbst anwesend (Matthäus 18,20), auch wenn wir ihn nicht mit unseren Augen sehen können.

Liebe Kinder, ich hoffe, ihr alle besucht das Haus Jesu Christi regelmäßig, solange ihr lebt. Ich hoffe, ihr verhaltet euch nie wie die törichten Menschen, die einen weiten Bogen darum machen. Welch schlimmes Unheil sie ihrer armen Seele damit zufügen!

Und wenn ihr dorthin geht, bemüht euch, auf alles zu achten, was ihr hört und Nutzen daraus zu ziehen. Starrt keine Löcher in die Luft und macht keinen Lärm oder quasselt mit anderen Kindern, sondern hört gut zu, wenn etwas vorgelesen und gepredigt wird. Jesus Christus ist dort und sieht euer Verhalten. Er liebt es, wenn kleine Kinder in sein Haus kommen und sich anständig benehmen, und wenn ihr darin ausharrt, könnt ihr gewiss sein, dass er euch seinen Geist geben und euch mit aller Erkenntnis füllen wird.

Dies also ist ein weiterer Weg, um Jesus Christus zu suchen. Ihr müsst ihn in seinem Haus suchen.

Drittens: Ihr müsst Jesus Christus auf euren Knien im Gebet suchen. Ihr selbst müsst ihn darum bitten, euch all das zu geben, was sich eure Seele braucht. Ihr müsst ihn darum bitten, dass er euch mit seinem Blut von eurer Sünde reinigen möge, dass er euch seinen Heiligen Geist schenkt und euch zu frommen, gehorsamen, sanftmütigen, gütigen, die Wahrheit sprechenden Kindern macht und euch davor bewahrt, selbstsüchtig, faul, gierig, jähzornig, hinterlistig oder übellaunig zu sein. Ihr müsst ihm all das sagen, wovor ihr Angst habt, was ihr fühlt und all das, was sich eure Seele wünscht. Das ist Gebet.

Und wenn ihr zu ihm betet, braucht ihr überhaupt keine Angst vor ihm zu haben. Er hat es gern, wenn ihr ihm alles auf eure eigene, einfache Weise mitteilt – genauso, wie wenn ihr eure Mutter um etwas bittet. Er liebt die Kinder sehr. Es hat ihm nicht gefallen, als seine Jünger die Leute davon abhielten, ihre Kinder zu ihm zu bringen. Da sprach er: *„Lasset die Kindlein zu mir kommen und wehret ihnen nicht“* (Matthäus 19,14). Und heute ist er immer noch genau derselbe wie damals.

Liebe Kinder, ich möchte, dass aus euch allen betende Kinder werden – Kinder, die dem Herrn all ihre Wünsche mitteilen und sich nicht scheuen, mit ihm zu sprechen. Das Gebet ist der sicherste Weg, ihn zu suchen, und unabdingbar für das Wachstum eurer Seelen.

Macht euch nichts daraus, wenn euch eure Gebete schwach und kraftlos scheinen. Der Herr hört jedes Gebet, solange es von Herzen kommt!

Der Herr Jesus Christus hört jedes Gebet, welches ernstlich ist. Das geringste Gebet eines kleinen Kindes auf dieser Welt ist laut genug, um im Himmel deutlich gehört zu werden. Der Himmel scheint so weit weg zu sein, aber seid gewiss, dass euer Gebet in dem Augenblick, in dem ihr es sprecht, dort vernommen wird. Ein kleiner Schlüssel kann oft ein großes Tor öffnen. Das Gebet ist solch ein kleiner Schlüssel. Es vermag das Tor des Himmels zu öffnen und euch direkt vor den Thron Gottes zu bringen. Gesegnet sind die, die sich freuen zu beten und die Gott beständig anrufen.

Dies nun ist die dritte Möglichkeit, den Herrn Jesus Christus zu suchen. Ihr müsst ihn im Gebet suchen.

Liebe Kinder, ich habe euch erzählt, wie ihr den Herrn suchen sollt. Bevor wir weitermachen, frage sich jeder Einzelne von euch: Suche ich ihn wirklich?

Jesus finden

Aber unser Vers sagt uns noch etwas über die, die Jesus Christus suchen, und was ist das? Er sagt, dass sie ihn finden werden.

Der Herr verspricht hier: *„Die mich suchen, finden mich."* Wie lieblich das klingt. Stellt euch mal vor, wie schlimm es wäre, wenn wir unser ganzes Leben lang suchen und suchen, uns umsonst bemühen und ihn nicht finden. Aber der Herr spricht: „Sie werden mich finden."

Nun will ich euch erklären, was es bedeutet, ihn zu finden. Wir können ihn nicht mit unseren Augen sehen, da er im Himmel zur Rechten Gottes sitzt und nicht auf dieser Erde ist, und dennoch wird uns gesagt, dass wir ihn finden werden. Wie das geht? Ich will es euch sagen.

Ihr findet die Gegenwart des Herrn in eurem Herzen und in eurem Verstand. Ihr werdet ihn wahrnehmen, so als ob der Herr Jesus Christus neben euch säße, sich um euch kümmerte, seinen Arm um euch legte, euch anlächelte und freundlich zu euch spräche. So wie sich ein Blinder, obwohl er die Sonne nicht sehen kann, fröhlicher und glücklicher fühlt, wenn er ihre Strahlen spürt, so werden auch wir bald wahrnehmen, dass unsere Herzen leichter und glücklicher werden und innerlich sicher wissen, dass wir ihn gefunden haben, wenn wir Jesus Christus ernsthaft suchen.

Liebe Kinder, es ist in der Tat lieblich und tröstlich, wenn wir merken, dass wir Jesus Christus wirklich gefunden haben. Oh, dass ihr niemals aufgeben mögt, ihn zu suchen, bis ihr ihn gefunden habt. Und ihr werdet ihn finden, dessen bin ich gewiss, wenn ihr ihn sucht, denn er ist nicht weit weg, sondern jedem von uns sehr nah und wartet darauf, dass wir ihn anrufen.

Wenn ihr ihn gefunden habt, werdet ihr spüren, dass ihr einen zuverlässigen Freund gefunden habt, dem ihr vertrauen könnt. Ein Freund, der euch unablässig liebt, immer auf euch achtgibt und sich um euch kümmert, der immer gut zu euch ist und euch niemals enttäuscht.

Wenn ihr ihn gefunden habt, fühlt ihr die Kraft und die Stärke, auf Gottes Wegen zu wandeln; die Stärke, euch schlechter Worte und schlechter Gesellschaft zu enthalten; die Stärke, das zu tun, was Gott gefällt.

Wenn ihr ihn gefunden habt, werdet ihr fühlen, dass ein

freundlicher Tröster nun in eurem Herzen wohnt. Ihr werdet sehr viel glücklicher, fröhlicher und zufriedener sein, als ihr es zuvor wart. Kleinigkeiten werden euch nicht mehr so sehr aus der Bahn werfen. Krankheit, Schmerz oder Tod werden euch keine Angst mehr einjagen.

Liebe Kinder, wie wunderbar ist doch dies alles. Versucht alle, Jesus Christus zu finden.

Sucht Jesus jetzt!

Und dann ist da noch eine Sache in unserem Vers, über die ich mit euch sprechen möchte. Nur ein kleines Wörtchen. Aber dieses kleine Wort ist so wichtig, dass ich nicht übergehen darf. Es ist das Wort „frühe". *„Die mich frühe suchen"*, spricht der Herr Jesus Christus, *„finden mich."*

Liebe Kinder, das Wort „frühe" war besonders für euch gedacht. Jesus Christus früh zu suchen bedeutet, ihn zu suchen, wenn man noch ganz jung ist und das ist genau das, was ich von jedem von euch möchte.

Kinder, der Herr sendet euch heute durch mich eine Botschaft. Er sagt, dass ihr ihn augenblicklich suchen sollt.

Denkt alle daran: Ihr könnt gar nicht früh genug damit anfangen, Jesus zu suchen. Ihn früh zu suchen, ist der sicherste Weg. Auch wenn ihr jetzt jung und gesund seid, könntet ihr trotzdem krank werden und sogar sterben. Der Tod hat eine gewaltige Kraft: Auch wenn ihr heute frisch und munter seid, kann es morgen schon damit vorbei sein. Und der Tod ist sehr grausam: Er kümmert sich nicht darum, wen er aus den Familien fortreißt und er wartet nicht darauf, bis wir vorbereitet sind; er nimmt uns genau dann weg, wenn es ihm gefällt. Auch junge Menschen und sogar Kinder können sterben. Kinder, glaubt mir: Ihr wollt nicht sterben, ohne den Herrn gesucht zu haben. Erinnert euch daran: Ihn früh zu suchen ist der sicherste Weg. Darüber hinaus ist es der glücklichste Weg, ihn früh zu suchen. Gewiss: Wenn es so schön ist, Jesus Christus zum Freund zu haben, dann ist es umso besser, je früher ihr ihn zum Freund habt. Ihr könnt euch gar nicht vorstellen, wie glücklich das Leben eines Kindes verläuft, wenn seine Wege dem Herrn gefallen. Alles wirkt hell und fröhlich, der Unterricht scheint leichter und das Spielen angenehmer, die Freunde wirken netter und die Sorgen weniger schwer, alles im Leben scheint reibungsloser. Liebe Kinder, ich möchte, dass ihr all das genießen könnt. Darum beeilt euch und zögert nicht, den Herrn zu suchen.

Und zu guter Letzt: Den Herrn früh zu suchen ist der einfachste Weg. Wenn wir eine große Menge Arbeit zu erledigen haben, gibt es nichts Besseres als rechtzeitig damit anzufangen. Genauso solltet ihr es auch mit eurer Seele machen: Ihr solltet rechtzeitig anfangen, den zu suchen, der allein euch retten kann. Leute, deren Arbeit vor Anbruch der Dunkelheit erledigt sein muss, achten darauf, morgens früh aufzustehen. Das solltet ihr auch tun, liebe Kinder, wenn es um die Arbeit an eurer Seele geht. Ihr solltet den Herrn am Morgen des Lebens suchen und eure Arbeit erledigt haben, bevor die Nacht des Todes kommt, wenn niemand mehr arbeiten kann. Wenn ihr das aufschiebt, wird es mit jedem Jahr schwerer – es gibt mehr zu erledigen und weniger Zeit dafür. Mit jedem Jahr werden eure Herzen härter und ihr seid weniger gewillt, das Richtige zu tun. Jetzt sind sie noch wie junge Bäume – so weich und zart, dass ihr sie mit der Hilfe des Herrn noch in jedwede Richtung biegen könnt. In wenigen Jahren werden es starke, dicke Bäume sein – so widerstandsfähig und gut verwurzelt, dass nur ein gewaltiger Wind sie ins Wanken bringen kann. Liebe Kinder, beginnt sofort, den Herrn zu suchen. Ich möchte, dass ihr auf eurer Reise in den Himmel so wenig Schwierigkeiten wie möglich habt.

Denkt über diese Dinge nach, denkt gut nach und beginnt früh, den Herrn zu suchen. Es ist der sicherste, der glücklichste und der einfachste Weg. Versucht wie Obadja zu sein, der den Herrn von seiner Jugend an fürchtete (1.Könige 18,12). Versucht wie unser gesegneter Herrn Jesus Christus selbst zu sein, der aufwuchs in *„Gnade bei Gott und den Menschen“* (Lukas 2,52).

Stellt euch den Tag vor, an dem Jesus Christus auf diese Welt zurückkommen wird. Er kommt wieder *„in den Wolken des Himmels mit großer Kraft und Herrlichkeit“* (Matthäus 24,30). Er wird sehr plötzlich wiederkehren, zu einer Stunde, da es niemand meint, wie ein Dieb in der Nacht (Matthäus 24,44; 1.Thessalonicher 5,2). Er wird all die versammeln, die ihn lieben, und sie mit in seines Vaters Haus nehmen, um ewig glücklich zu sein. All die nutzlosen, bösen und ungläubigen Menschen, die ihn nicht gesucht haben, wird er zurücklassen und ihnen wird es auf ewig elend und jämmerlich ergehen. Liebe Kinder, Jesus Christus könnte sehr bald zurückkommen. Wir wissen nicht, wie bald. Wie traurig wäre es dann, andere in den Himmel entrückt zu sehen, während wir selbst zurückbleiben! Wie entsetzlich muss dieses Gefühl sein: „Ich hätte auch entrückt werden können, aber ich habe den Herrn nicht gesucht!"

Denkt auch an den bedeutsamen Tag des Jüngsten Gerichts, wenn wir alle vor Gott stehen und Rechenschaft über unsere Werke ablegen werden. Manche der Geretteten werden dann sagen: „Bevor ich vierzig Jahre alt war, habe ich Jesus Christus nie gesucht und habe mehr als die Hälfte meines Lebens verschwendet." Andere werden sagen: „Ich habe ihn nie gesucht, bevor ich zwanzig Jahre alt war und habe viele Jahre meines Lebens verschwendet." Aber manche werden sagen können: „Ich habe den Herrn gesucht, als ich noch ganz jung war – ich kann mich kaum an die Zeit erinnern, in der ich nicht versuchte, ihn zu lieben."

Liebe Kinder, wie angenehm wird es für diese Menschen sein, das zu denken! Wie lieblich ist dieses Gefühl, dass sie Jesus Christus sowohl die ersten als auch die letzten Tage ihres Lebens gegeben haben. Wie herrlich werden die erscheinen, die ihren Erretter am Anfang ihrer Lebenszeit ebenso geliebt haben wie am Ende. Der Herr möge geben, dass viele von euch unter ihnen sein werden. Oh, sucht den Herrn früh! *„Suchet den Herrn, solange er zu finden ist"* (Jesaja 55,6).

Und nun, liebe Kinder, ist es für mich an der Zeit, aufzuhören und euch gehen zu lassen. Vielleicht werde ich euch hier auf dieser Welt nicht mehr alle zusammen wiedersehen – ich bin fast gewiss, dass ich das nicht werde – aber wir werden uns alle am letzten Tag treffen. Ich hoffe, ihr denkt darüber nach, was ich euch über Jesus Christus und über eure Seele erzählt habe. Bedenkt, dass ich möchte, dass ihr alle glückliche Kinder seid und um glücklich zu sein, müsst ihr Jesus Christus lieben.

… das Gute behalten!

Über **Sola Gratia Medien®**

Sola Gratia Medien wurde 2019 gegründet, um bibeltreue Literatur zu publizieren. Hierbei soll ein Schwerpunkt auf solchen Büchern liegen, die

- auf der Bibel als irrtumsfreies Wort Gottes gegründet sind,
- Gottes Gnade verherrlichen,
- theologisch vertiefen und geistlich erneuern sowie
- sich den geistigen Quellen der Reformation verpflichtet fühlen.

Weitere Informationen finden Sie unter
www.solagratia.de – info@solagratia.de

Die Verlagsarbeit wird getragen durch:

Reformations-Gesellschaft-Heidelberg e. V.
Postfach 100141
57001 Siegen · Deutschland
www.reformationsgesellschaft.de

Stichting Vrienden van Heidelberg en Dordrecht

info@svvhed.org
www.svvhed.org

Weitere Empfehlungen

M.A. Mijnders-van Woerden

Martin und seine Freunde

Erzählungen aus Luthers Jugend

Im vorliegenden Buch findet der Leser eine Reihe von wunderbaren Erzählungen über die Jugend Martin Luthers: Seine Schulzeit in Mansfeld und Magdeburg und später an der Klosterschule in Eisenach, wo er seine Mitschüler täglich um Essen anbetteln musste, bis er in Ursula Cottas Haus Unterschlupf fand.

Die Verfasserin besuchte die Orte, an denen Martin Luther gelebt, gearbeitet und studiert hat persönlich und sammelte so viele Informationen über seine Jugend.

Das vorliegende Werk enthält außerdem zahlreiche Geschichten, die der alten Familienchronik der Familie Schönberg-Cotta aus Eisenach, die der Autorin zugänglich gemacht wurde, entlehnt wurden.

„Martin und seine Freunde" richtet sich in erster Linie an junge Leser zwischen 12 und 16 Jahren. Aber auch Erwachsene können sich an der Lektüre über die Jugendjahre des großen Reformators erfreuen.

Geb., 164 S.

ISBN: 978-3-948475-28-4

Nr. 819.728

€ 11,90

Ada Schouten-Verrips

Ein Katechismus für dich

„Ein Katechismus für dich" soll dabei helfen, Kindern die wichtigsten biblischen Lehren zu vermitteln.

Dieses Buch kann beispielsweise an Sonntagen miteinander gelesen und in der Woche erneut zur Hand genommen werden.

Es will als Handreichung dienen – in der Hoffnung, dass in der Familie ein Gespräch zwischen Eltern und (jungen) Kindern in Gang gesetzt wird. Damit alte Wahrheiten neu werden und der einzige Trost im Leben und im Sterben auch unser Trost bleibe oder werde.

Zahlreiche Zeichnungen helfen, den Text besser zu verstehen.

Geb., 128 S.

ISBN: 978-3-948475-11-6

Nr. 819.711

€ 11,90